[THE 5TH DIMENSION
PASSWORD KEEPER]

by:

Michael E. Pipkins

2012

[THE 5TH DIMENSION PASSWORD KEEPER]

by:

Michael E. Pipkins

me2industries publishing

Published by: me²industries – Wilmington, DE

Printed & Distributed by: Booksinprint.com & CreateSpace, a DBA of "On-Demand Publishing, LLC." – An Amazon Company – Charleston, SC

Printed in the United States of America

ISBN-13: **978-1469918822**
ISBN-10: **146991882X**

Printing 4

Table of Contents

To order additional password keeper books for family & friends, visit:

me2industries.com/book/passwordkeeper.htm

Introduction

Congratulations on your purchase of the: **5th Dimension Password Keeper!**

You have probably already discovered that the *last place* you should keep your passwords – *is in your computer*. Computer hacking has gotten so sophisticated that sooner or later virtually every personal computer will eventually be hacked.

Thieves can sneak into your computer through "Trojan" viruses, malicious code that is hidden inside real programs that they have hacked into. Other times, they will create copies of name brand software, often mimicking them right down to the copyrighted graphics and images. After all, if they are going to risk jail for computer hacking, why should they care about copyright infringement?

Some thieves have even resorted to creating software, which pretends to be cleaning out viruses while they actually look for or create back doors into your computer. In this situation, the victim installs the software and grants it access to the internet. The victim's virus software doesn't know that the program is a malicious one – how can it? Once you tell your own virus software to allow access – the game is over.

Of course, it is not only your own computer you have to worry about. It is also the computer of every online vendor that you purchase from, and every website that you register with. It is more important than ever before to use complex passwords that cannot easily be guessed or easily cracked with software created specifically to hack passwords.

The Top 5 Passwords people use, but shouldn't.

1. 123456
2. Password
3. 12345678
4. Qwerty
5. abc123

Easy passwords are not only easy for you to remember, they are easy for hackers to guess. See that Top 5 list on the left? An estimated 10 million people in the U.S. use one of these five passwords. Furthermore, an estimated 1 in 5 people will use either the name of their pet, children or grandchildren.

With so many cyber hackers out there it seems just a matter of time before one of your accounts or computer is hacked.

The only solution is to use a different long, complex and random password for each account. But memorizing all those passwords is simply not practical. So what can we do?

We could store all those passwords in our computer.

But that is actually the **worst** place to have them. If anyone were to ever hack into your computer they would have access to ALL of your passwords - wrapped up with a nice pretty bow.

Hackers have all the time in the world to figure out how to get into your computer. Once they do, you probably won't even know that your passwords have been stolen – until it's too late. This type of thief is extremely skillful. Far more skillful than a thief that breaks into your home.

The simple fact is that the only real way to protect your passwords is to NOT have them on your computer. If they are not there, then they can't be stolen. But what about keeping them in a book? What happens if the book is stolen? Or copied?

When you consider that you are 100,000 times more likely to get your computer hacked, then to have a password book stolen from someone breaking in to your house it is easy to see which choice is the more secure option. But if a thief *did* break into your house you probably would know it by the fact that your computer (and subsequently your passwords) is missing. An intruder is far more likely to grab your computer and run, than to go rummaging around the books on your shelf.

But just in case – how would you protect those passwords stored in a book? What if the nosy neighbor watching your house while your away finds your book? How do you keep your kids from snooping?

The Solution?

You are holding it in your hands.

This book stores your passwords in the 5th Dimension of your mind. Even if this book is stolen, without your secret "key" the thief will not be able to retrieve the passwords.

Not only that, but several people could use this book at the same time and each would have their own set of secure passwords, unknown to the others.

- ⊗ Stores over 100 complex passwords with ease.
- ⊗ Passwords are safe – even if this book is lost or stolen.
- ⊗ Retrieve passwords easily – even a child can do it.
- ⊗ Encryption is nearly impossible to crack.
- ⊗ Share book with others in your household without compromising your security.
- ⊗ Never keep you passwords in your computer again.
- ⊗ Now you can stop using easy to crack passwords.
- ⊗ The preferred method of I.T. specialists.

Easy & Secure. The 5th Dimension Password Book is the ultimate way to secure passwords from both online and offline thieves.

How does it Work?

It's easy and anyone can do it. Start by taking a quick look at the sample on page 19. With the 5th Dimension Password Keeper, all you have to do is to remember a simple position on the grid like, B3. That's easy, right? Then, just make yourself a policy that from that position on a grid you will always read the next 7 characters in a particular direction. In this case, we chose diagonally, down and to the right. Our password is: **a E Q # 2 q M**. It is just that simple.

You decide the grid position and which way to read - and how far. You might decide to read horizontally from B3. Or you might decide to read from top to bottom, bottom to top or even backwards. You might pick 6 numbers or you might pick 8 or more. It is all up to you – but whatever you pick – you **must stick with it.** This grid coordinate formula is the "key" to your new passwords.

Once you have decided on your "key", and committed it to memory, you will use that technique for every password in the book. Your formula will reveal your 5th Dimensional password, so you never have to worry about remembering all those complex passwords.

Every page of this book has a new, completely random set of passwords. You should never use the same password more than once. If you do so, once a thief has your password for one account, they would have it for all accounts. Don't help them steal your identity. Thankfully, with the 5th Dimension Password book, you don't have to worry about using the same password over and over and you don't even have to worry about memorizing them.

All you have to remember is your formula "key". That's it. As long as you don't give away your "key" your passwords are secure, even if this book is lost, stolen or used by multiple people in your home.

What if the thief has a copy of this book?

Why didn't we think of that? Oh wait, we did! That is why we publish an entirely new book with an entirely new set of random characters after every 500 copies sold.

Still, consider the odds of this happening:

1. A computer hacker buys our book just to have it on hand in case they come across someone who might be using it. (Remember that there are 370 million people in the U.S.)
2. **Then** they specifically target you and break into your home, not to steal your computer – but to get your password book.
3. **Then** they guess your "key" or use a sophisticated computer program that they have specifically designed (and spent thousands of man hours) to hack this very specific code.

Or, they just go find someone else who is using one of the five, easy to guess passwords.

You be the judge.

14

Security Tips

If you use the Ultimate Password Keeper Book correctly your passwords will remain safe from intruders who might desire to hack into your computer. This means that the weakest link will actually be how you access and interact with the internet & email.

Here are some tips to help keep you safe while working online:

Internet Browsing

If you are doing any sort of online banking, blogging or using any social media (who isn't) then your risk of attack go up dramatically.

While we don't have time to explain *how* hackers exploit these tools in this publication, please take our advice and take these precautions.

- ⊗ **Stop using automatic (browser stored) login and passwords**. Any time your browser asks you if you want to remember this password for next time – JUST SAY NO. It may take a couple of more seconds to type in the information from your Password Book but it will likely protect your account from being hacked. Browsers such as Internet Explorer and Mozilla Firefox are the first place hackers look to get passwords.
- ⊗ **Never copy and paste passwords from your computer.** First of all, they should not be in your computer – that is why you

bought this book. But you should know that every time you copy something to your clipboard, it stays there *unprotected* and *unsecure* until you override it with something new. A hacker can get this information.

⊗ **Check that the web page is secure.** Hackers can "listen in" on unsecured web pages. If you don't see that little lock symbol on the toolbar or the browser page doesn't start with https:// (Note the 'S') then you are not on a secure page and you **should assume** that your information is about to be stolen. Never enter credit card information on a non-secure web page.

⊗ **Verify the URL (usually at the bottom of a browser) before clicking on any link or image.** Remember that the text or image you see on a screen is not the hyperlink. They are two different things. Shady characters will trick you into believing that you are going to one page, while actually sending you to another.

⊗ **Never click on any link with ".exe" at the end.** This will download and run a program to hack your computer.

⊗ **Never leave a web page without logging off.** The open connection is an invitation to hack.

⊗ **Always be on the lookout for "redirects".** Redirects are when your browser is pointed off of the page you expected and onto another site. Sometimes the bounce is so fast that you can't see it. But you can 'sometimes' tell by the URL. Be alert for double "screen flashes". If you see a flash, you may have just been redirected. Stop, and verify everything you see before continuing on.

⊗ **Watch for uninitiated activity.** If a browser window ever opens on your computer without you doing anything – you are already hacked. Reboot your computer into "safe mode" and run your virus removal software immediately.

⊗ **Watch for clever "pop-under's" that open another browser window and then quickly switch it with your current browser.** The goal is to trick you into closing the wrong browser. Once they do that, everything you see is an illusion. Anywhere you click could get you infected.

⊗ **Watch for FAKE Virus Alert windows.** These are very popular with criminals. Odds are, if you see these you are either already infected or you are about to be - if you click ANYWHERE on this message.

⊗ **NEVER CLICK ON THE 'X' TO CLOSE A FAKE ALERT OR BROWSER.** Always use Ctrl-Alt-Delete and terminate the action. If you have to, shut down your computer but NEVER CLICK ON THE 'X' TO CLOSE A FAKE ALERT OR BROWSER.

E-mail Tips

Next to your browser, your email is the next entry portal into your computer from the outside world. 75% of all viruses enter by way of your email client.

⊗ Don't allow your email system to load graphics – ever. If it's loading graphics, then it might also loading creepy crawlies as well.

⊗ Never click on a text link in an email. We used to include, "unless you know where it leads" in this statement. The problem is that these days, criminals can fake the destination as well. The new rule is: Never click on anything in an email. Copy and paste it directly in your browser. <u>Even if you think you know where the email came from</u>.

⊗ Learn how to read email "headers". Too much to explain here, just take our advice and read up about it.

There are probably a thousand warnings that we could give. But alas we must move on. Please take the time to learn more about how hackers trick you into letting them into your computer by visiting the forums of the virus software that you use.

The more you learn about the sinister world of computer hacking – the more thankful you will be that you own this book. You have made an extremely wise decision.

***

The page that follows is an example of how to use the 5th Dimension Password book. Obviously, you would not actually circle or highlight the password. You should never reveal your Key or Formula direction to anyone. Commit it to memory.

Thank you again for your purchase. Remember that this book makes an excellent gift for: graduates, grandchildren (parents), I.T. professionals and just about everyone who owns a computer.

For government and high security instillations we recommend this book as part of a more complete security infrastructure, including card key and biometric security devices.

Sample Password Page

Google Login   *1/25/12*

(Account Name:)   (Date Created:)

https://accounts.google.com/

(Login Page:)

myemail@gmail.com

(Associated Email Account:)

myemail@gmail.com

(Login or Username:)

	1	2	3	4	5	6	7	8	9	0	1	2	3	4	5	6
A	p	u	7	R	E	(	w	w	Y	a	t	W	$	*	0	B
B	R	K	a	$	v	t	N	H	U	u	t	t	(	Z	5	D
C	Z	8	b	E	B	4	#	x	h	e	E	Z	Z	K	x	h
D	1	*	D	a	Q	w	B	p	Z	A	u	Z	U	D	p	;
E	u	x	w	(	M	#	K	P	n	J	D	D	P	Q	R	b
F	b	^	1	V	v	W	2	k	Z	K	j	C	1	P	u	p
G	%	9	k	f	!	E	4	q	k	1	y	U	n	7	;	i
H	U	&	B	x	r	y	x	s	M	Y	A	d	d	N	A	t

(Notes:)
        In this example, you have chosen B3 as your "Key" and you have decided that you will always read diagonal, down & to the right. Your password is the circled characters. Your password is

safe, hidden in the 5th dimension of your mind. Note: Never circle your password as shown in the example.

My 5th Dimension Passwords

(Account Name:)   (Date Created:)

(Login Page:)

(Associated Email Account:)

(Login or Username:)

	1	2	3	4	5	6	7	8	9	0	1	2	3	4	5	6
A	e	P	(	6	p	4	i	q	@	W	e	7	a	R	q	5
B	J	?	$	1	k	(	3	7	U	M	)	%	f	?	$	u
C	R	a	)	3	K	C	H	N	u	s	E	#	2	y	p	!
D	K	z	s	Z	%	D	i	9	)	8	k	b	m	k	w	x
E	&	J	%	h	;	v	K	4	j	p	V	x	8	7	Z	Y
F	y	Q	Q	M	x	H	d	;	t	d	1	s	j	(	r	d
G	!	H	8	(	@	&	h	A	T	;	H	*	J	?	Q	T
H	z	s	D	b	u	S	d	E	Y	u	c	C	B	H	3	y

(Notes:) _____

_____

_____

_____

_____

_____

(Account Name:)   (Date Created:)

(Login Page:)

(Associated Email Account:)

(Login or Username:)

	1	2	3	4	5	6	7	8	9	0	1	2	3	4	5	6
A	a	^	$	t	p	)	a	G	K	g	m	0	r	C	A	4
B	j	V	W	N	p	g	h	t	b	N	8	Q	R	v	Z	s
C	M	a	w	A	i	V	^	$	3	9	N	C	S	r	h	g
D	X	n	9	q	Z	H	f	j	6	(	7	m	q	B	p	Y
E	Y	K	u	J	t	@	G	#	s	#	Q	S	H	j	v	A
F	w	h	x	T	D	R	q	z	K	4	E	?	J	U	?	*
G	j	J	(	N	w	C	H	t	7	&	?	k	3	k	z	(
H	W	V	w	j	t	(	R	r	z	K	h	d	w	d	q	M

(Notes:) _____

_____

_____

_____

_____

_____

23

(Account Name:)   (Date Created:)

(Login Page:)

(Associated Email Account:)

(Login or Username:)

	1	2	3	4	5	6	7	8	9	0	1	2	3	4	5	6
A	A	y	z	B	7	p	P	k	p	p	W	0	c	c	6	0
B	*	Y	q	F	)	E	m	G	%	M	^	0	C	j	x	)
C	7	x	Q	V	9	q	u	V	i	c	f	D	w	w	m	1
D	v	a	9	N	?	K	M	B	r	k	f	!	D	;	V	F
E	u	!	r	v	F	P	z	j	r	&	$	X	P	F	1	%
F	R	q	0	m	4	0	D	9	z	&	V	%	;	$	7	8
G	x	X	Y	s	F	D	X	R	W	2	9	i	H	2	R	e
H	G	u	k	S	z	s	n	n	?	Y	#	E	h	p	6	Q

(Notes:) _____

_____

_____

_____

_____

_____

24

(Account Name:)   (Date Created:)

(Login Page:)

(Associated Email Account:)

(Login or Username:)

	1	2	3	4	5	6	7	8	9	0	1	2	3	4	5	6
A	@	0	i	E	5	?	2	j	z	B	S	i	;	d	1	;
B	r	a	F	e	s	A	0	v	y	%	c	P	0	n	u	k
C	x	A	a	y	6	N	x	@	#	S	e	C	*	&	D	y
D	3	z	6	J	)	C	@	!	q	x	Z	m	6	W	Z	v
E	r	#	Z	5	*	a	s	)	u	W	T	X	Z	G	G	q
F	k	#	b	!	0	%	c	u	?	n	U	M	7	P	N	Y
G	m	9	S	&	5	j	h	A	s	R	i	i	W	T	K	R
H	S	^	e	5	U	!	z	^	7	0	W	D	$	V	?	N

(Notes:) _____

_____

_____

_____

_____

_____

(Account Name:)   (Date Created:)

(Login Page:)

(Associated Email Account:)

(Login or Username:)

	1	2	3	4	5	6	7	8	9	0	1	2	3	4	5	6
A	z	c	E	P	8	X	C	P	n	g	G	v	1	Q	a	8
B	6	U	?	9	!	2	%	a	k	v	n	n	g	x	V	H
C	z	f	U	p	;	y	P	F	P	6	6	3	X	z	Q	6
D	r	a	k	w	w	%	P	M	m	S	R	$	c	2	W	7
E	F	m	R	%	1	U	P	;	F	#	P	(	z	4	q	v
F	!	K	5	D	2	c	E	;	Q	A	6	5	;	x	t	X
G	3	%	6	N	R	a	d	4	K	?	*	u	b	J	z	f
H	Z	N	$	y	2	R	6	0	J	M	N	&	4	F	!	@

(Notes:) _____

_____

_____

_____

_____

_____

(Account Name:)   (Date Created:)

(Login Page:)

(Associated Email Account:)

(Login or Username:)

	1	2	3	4	5	6	7	8	9	0	1	2	3	4	5	6
A	3	f	9	$	T	U	Q	0	(	8	p	T	G	#	;	i
B	9	k	i	5	0	Z	e	$	z	S	Z	#	U	0	u	p
C	b	J	k	!	W	6	e	f	(	F	*	e	(	z	W	Q
D	0	W	V	$	B	s	F	q	a	#	u	x	Y	?	x	$
E	P	Y	W	*	q	*	H	e	7	w	v	R	s	7	k	e
F	?	Y	G	X	5	K	e	%	A	w	H	!	d	u	B	u
G	U	S	#	W	u	B	i	9	Z	J	j	W	9	%	W	P
H	i	r	6	e	P	2	x	M	v	v	T	n	6	9	H	*

(Notes:) _____

_____

_____

_____

_____

_____

(Account Name:) (Date Created:)

(Login Page:)

(Associated Email Account:)

(Login or Username:)

	1	2	3	4	5	6	7	8	9	0	1	2	3	4	5	6
A	p	9	M	5	F	j	Q	n	J	$	9	M	X	x	)	;
B	W	Y	a	S	;	h	2	r	0	8	z	V	G	8	D	5
C	4	^	4	P	2	d	X	#	Q	0	t	U	4	K	c	e
D	8	h	v	u	9	!	y	S	8	X	*	m	k	Z	%	s
E	)	X	b	;	B	q	1	B	H	2	m	*	V	&	5	N
F	5	P	k	N	F	$	E	1	H	#	i	s	7	i	J	H
G	c	g	G	z	)	T	6	Q	E	)	R	^	Z	6	W	7
H	d	Q	0	n	K	G	N	)	E	n	N	Q	%	#	P	(

(Notes:) _____

_____

_____

_____

_____

_____

28

(Account Name:)   (Date Created:)

(Login Page:)

(Associated Email Account:)

(Login or Username:)

	1	2	3	4	5	6	7	8	9	0	1	2	3	4	5	6
A	J	7	A	V	^	R	K	y	G	Q	u	x	i	z	2	3
B	p	!	8	s	0	s	z	p	0	6	s	3	5	&	b	%
C	W	g	)	p	f	8	6	5	9	0	1	h	z	y	R	a
D	D	z	j	6	Y	&	1	V	A	J	@	M	D	P	R	@
E	W	i	x	C	J	T	c	B	u	h	4	c	M	)	w	H
F	1	b	v	!	p	p	a	T	&	)	!	2	H	T	m	a
G	M	R	$	N	q	p	6	u	f	W	i	g	(	a	V	V
H	2	@	8	P	W	0	k	)	h	s	z	z	y	K	@	7

(Notes:) _____

_____

_____

_____

_____

_____

(Account Name:) (Date Created:)

(Login Page:)

(Associated Email Account:)

(Login or Username:)

	1	2	3	4	5	6	7	8	9	0	1	2	3	4	5	6
A	K	s	*	j	(	(	p	b	D	e	q	%	T	A	A	u
B	5	3	u	Z	;	Q	v	#	J	D	8	x	t	R	?	H
C	i	X	j	8	R	t	R	A	f	n	k	z	9	9	J	^
D	G	w	4	8	H	0	T	r	q	r	c	Q	Z	Q	#	$
E	r	0	b	!	s	C	h	^	Z	6	1	#	p	z	v	X
F	M	2	R	Y	8	4	#	B	9	c	%	;	v	B	X	)
G	u	y	a	1	J	$	C	k	J	G	j	x	5	w	8	G
H	0	%	W	M	q	M	6	a	B	b	2	j	t	k	6	z

(Notes:) _____

_____
_____
_____
_____
_____

30

(Account Name:)   (Date Created:)

(Login Page:)

(Associated Email Account:)

(Login or Username:)

	1	2	3	4	5	6	7	8	9	0	1	2	3	4	5	6
A	0	B	2	q	3	K	6	;	c	C	b	y	%	X	W	n
B	&	P	D	v	B	&	#	Z	A	T	*	0	G	X	t	5
C	E	%	D	T	9	e	5	(	P	e	M	#	q	U	V	#
D	6	4	y	m	p	N	H	2	Z	b	6	?	y	Z	R	?
E	E	S	F	;	^	q	B	F	u	p	#	Y	k	b	K	d
F	Y	F	i	E	8	B	4	4	0	z	1	C	4	y	;	n
G	z	k	S	%	B	Y	)	j	p	@	N	6	)	F	Q	P
H	j	S	H	E	Z	)	3	S	u	R	s	f	^	C	w	p

(Notes:) _____

_____

_____

_____

_____

_____

31

(Account Name:) (Date Created:)

(Login Page:)

(Associated Email Account:)

(Login or Username:)

	1	2	3	4	5	6	7	8	9	0	1	2	3	4	5	6
A	v	R	g	0	U	Y	1	y	t	T	%	?	8	3	c	k
B	M	6	@	s	p	a	Z	F	*	A	?	^	S	6	v	8
C	A	9	b	@	V	3	J	W	r	9	p	f	c	4	)	;
D	X	N	Q	&	t	7	!	3	3	$	;	K	k	i	T	J
E	B	q	W	$	@	;	a	A	B	b	W	9	H	T	5	1
F	A	G	2	n	Z	7	X	%	z	A	1	)	(	!	b	!
G	6	D	J	P	4	2	D	*	g	g	S	H	k	0	%	s
H	$	*	D	i	W	x	%	2	*	A	a	b	P	^	V	P

(Notes:) _____

_____

_____

_____

_____

_____

(Account Name:)   (Date Created:)

(Login Page:)

(Associated Email Account:)

(Login or Username:)

	1	2	3	4	5	6	7	8	9	0	1	2	3	4	5	6
A	W	!	d	#	1	r	;	@	B	j	r	6	B	(	j	9
B	j	Q	k	z	Z	d	t	2	x	^	j	x	P	U	H	G
C	t	b	C	F	s	&	W	$	z	s	1	B	E	P	S	D
D	;	r	U	4	M	2	c	4	H	i	R	t	5	x	2	D
E	0	$	P	(	v	X	D	s	3	k	3	V	@	D	a	N
F	f	A	e	b	m	G	g	F	U	;	m	m	J	7	P	#
G	Q	)	@	D	V	9	!	C	c	7	Z	X	u	C	B	D
H	F	5	n	U	q	Q	Z	x	b	v	$	V	(	b	a	A

(Notes:) _____

_____

_____

_____

_____

_____

(Account Name:)   (Date Created:)

(Login Page:)

(Associated Email Account:)

(Login or Username:)

	1	2	3	4	5	6	7	8	9	0	1	2	3	4	5	6
A	!	W	R	6	g	R	Z	2	D	s	1	D	8	i	t	y
B	b	E	C	a	h	z	k	V	5	;	d	n	w	q	m	!
C	?	7	Y	(	t	C	a	&	Z	F	;	*	4	7	y	r
D	8	U	Y	?	f	D	V	p	r	g	z	N	M	R	U	w
E	5	C	2	S	1	3	w	6	&	c	g	R	i	X	n	B
F	N	a	q	?	y	q	2	y	R	u	D	p	8	A	@	u
G	?	t	z	t	c	b	^	H	K	B	3	R	0	c	;	m
H	J	U	K	K	M	S	n	r	x	j	&	$	&	#	i	X

(Notes:)

(Account Name:)   (Date Created:)

(Login Page:)

(Associated Email Account:)

(Login or Username:)

	1	2	3	4	5	6	7	8	9	0	1	2	3	4	5	6
A	P	C	V	(	c	v	w	q	n	k	k	f	V	S	X	q
B	!	;	k	3	W	u	Y	G	h	u	#	6	a	#	4	S
C	U	6	k	N	n	j	*	a	k	C	*	v	v	^	K	y
D	W	E	t	T	3	)	7	A	@	G	H	)	G	&	p	c
E	A	n	P	@	M	H	1	3	M	s	r	y	*	k	$	1
F	$	&	G	x	i	!	1	H	h	H	c	m	&	J	k	4
G	$	D	X	2	M	e	^	;	S	8	g	d	j	N	;	W
H	d	!	u	c	W	2	T	H	F	S	@	J	N	V	J	U

(Notes:) _____

_____

_____

_____

_____

_____

(Account Name:)   (Date Created:)

(Login Page:)

(Associated Email Account:)

(Login or Username:)

	1	2	3	4	5	6	7	8	9	0	1	2	3	4	5	6
A	8	!	A	&	4	&	a	Q	*	a	D	e	w	d	g	v
B	m	d	)	6	u	S	^	&	!	X	4	j	7	&	s	d
C	W	z	w	P	w	Y	E	?	;	J	A	b	E	w	e	e
D	A	x	!	a	R	7	W	c	D	)	*	D	J	!	*	T
E	!	@	E	0	u	Q	2	W	i	J	A	f	S	Q	A	Y
F	g	^	h	T	z	g	d	2	f	j	?	8	K	v	U	y
G	q	R	b	9	C	f	(	x	$	C	w	k	u	2	W	8
H	z	f	7	R	P	N	g	d	C	f	Z	?	J	9	)	n

(Notes:) _____

_____

_____

_____

_____

_____

36

(Account Name:)   (Date Created:)

(Login Page:)

(Associated Email Account:)

(Login or Username:)

	1	2	3	4	5	6	7	8	9	0	1	2	3	4	5	6
A	6	)	D	j	N	K	1	;	y	i	T	b	J	P	A	)
B	g	;	;	j	D	#	?	R	a	R	w	r	m	K	s	v
C	;	N	j	V	z	x	k	b	f	S	D	!	5	r	7	i
D	^	R	4	)	s	P	$	B	B	S	*	)	R	E	K	1
E	9	3	6	u	T	r	K	%	7	(	6	V	P	K	V	e
F	q	e	^	2	q	p	S	X	p	;	b	P	S	a	J	m
G	v	E	#	)	H	P	q	j	?	N	K	s	W	F	)	&
H	N	t	)	n	s	r	c	?	W	6	W	w	g	Y	V	a

(Notes:)

37

(Account Name:)   (Date Created:)

(Login Page:)

(Associated Email Account:)

(Login or Username:)

	1	2	3	4	5	6	7	8	9	0	1	2	3	4	5	6
A	M	H	i	g	q	R	h	W	X	Z	h	R	6	u	1	a
B	(	Z	w	A	^	p	j	$	Y	e	$	#	s	a	7	&
C	f	^	W	4	5	n	P	1	G	5	6	8	E	;	&	!
D	1	p	b	X	3	y	V	?	J	!	7	G	e	V	t	;
E	*	?	^	u	K	&	4	m	0	y	h	W	Q	j	k	X
F	t	Q	r	r	r	T	Y	7	i	t	g	2	H	H	b	r
G	$	k	b	?	v	p	q	m	y	7	h	i	N	t	!	v
H	R	@	(	(	&	6	7	a	A	J	T	v	X	e	H	c

(Notes:) _____

_____

_____

_____

_____

_____

	1	2	3	4	5	6	7	8	9	0	1	2	3	4	5	6
A	2	X	#	C	m	!	#	)	&	p	d	s	q	v	n	9
B	;	2	i	%	y	Q	N	B	R	g	c	z	6	m	P	i
C	v	D	;	2	^	G	W	V	b	T	t	8	a	A	J	W
D	e	1	c	y	0	8	W	Y	7	f	C	A	g	8	b	@
E	?	Z	8	g	Z	8	0	n	E	W	;	7	J	E	v	n
F	3	V	A	i	#	z	0	t	Q	#	1	^	z	S	S	1
G	U	(	#	k	Q	r	?	T	f	V	s	W	c	U	W	P
H	s	m	X	s	;	;	v	P	S	d	d	E	Z	E	4	V

(Account Name:)   (Date Created:)

(Login Page:)

(Associated Email Account:)

(Login or Username:)

	1	2	3	4	5	6	7	8	9	0	1	2	3	4	5	6
A	Y	x	k	x	g	r	q	F	r	7	K	Z	i	A	m	R
B	D	8	m	*	A	k	$	1	T	p	U	e	W	e	$	b
C	;	t	4	9	Q	@	(	W	E	s	K	i	N	Z	T	i
D	#	^	M	c	M	4	D	B	m	x	V	s	4	2	j	p
E	5	N	m	M	5	D	(	Q	x	p	Z	7	h	q	r	x
F	R	x	5	@	u	k	w	h	M	r	(	4	c	1	3	6
G	A	$	s	R	p	?	1	n	m	v	s	J	Y	g	q	x
H	p	c	4	a	G	g	B	A	m	k	U	J	A	P	;	n

(Notes:) _____

_____

_____

_____

_____

_____

(Account Name:)   (Date Created:)

(Login Page:)

(Associated Email Account:)

(Login or Username:)

	1	2	3	4	5	6	7	8	9	0	1	2	3	4	5	6
A	u	t	n	j	K	C	e	c	r	h	B	Y	p	p	z	8
B	&	x	B	A	t	p	?	U	x	Q	4	K	a	G	Q	g
C	^	r	V	K	^	?	w	M	b	1	&	1	t	Y	V	;
D	W	D	*	U	6	3	&	Q	M	?	r	e	m	r	2	5
E	t	y	?	P	J	m	5	j	C	S	*	H	x	v	f	?
F	f	1	q	T	V	(	e	3	C	c	H	1	m	a	g	5
G	X	Z	E	z	S	E	r	N	e	u	V	4	c	*	j	;
H	r	u	^	F	H	(	c	@	H	%	4	d	F	H	Q	J

(Notes:) _____

_____

_____

_____

_____

_____

41

(Account Name:)   (Date Created:)

(Login Page:)

(Associated Email Account:)

(Login or Username:)

	1	2	3	4	5	6	7	8	9	0	1	2	3	4	5	6
A	T	U	H	B	n	V	S	2	j	G	Z	C	g	i	X	w
B	V	w	n	7	*	Q	r	%	z	t	0	K	4	D	2	8
C	N	0	W	0	R	J	&	i	J	d	?	w	*	@	V	6
D	4	D	a	J	F	z	(	F	s	K	3	u	6	1	m	5
E	D	!	;	K	Z	$	K	p	Z	r	@	8	h	Q	b	K
F	W	8	P	6	p	i	9	^	*	X	E	z	y	x	V	;
G	x	Y	w	)	M	G	?	i	G	n	j	K	$	e	P	h
H	e	J	z	A	8	H	G	p	*	w	y	f	8	0	r	s

(Notes:) _____

_____

_____

_____

_____

_____

42

(Account Name:)   (Date Created:)

(Login Page:)

(Associated Email Account:)

(Login or Username:)

	1	2	3	4	5	6	7	8	9	0	1	2	3	4	5	6
A	R	Z	U	p	J	%	8	w	(	p	&	E	R	p	b	b
B	B	e	z	Q	1	P	b	Y	%	P	h	#	q	$	f	7
C	8	5	7	p	P	?	u	*	a	C	z	C	?	(	n	T
D	E	Q	e	E	9	h	Z	4	%	Q	F	?	t	w	P	^
E	a	F	f	3	^	h	B	u	M	F	Q	*	t	Y	q	q
F	Z	s	W	s	7	T	2	k	u	T	Q	p	z	0	x	t
G	)	p	b	a	q	Z	R	m	u	z	x	J	e	A	B	c
H	?	h	!	u	k	^	3	j	M	^	J	J	3	$	4	4

(Notes:) _____

_____

_____

_____

_____

_____

_____

(Account Name:)   (Date Created:)

(Login Page:)

(Associated Email Account:)

(Login or Username:)

	1	2	3	4	5	6	7	8	9	0	1	2	3	4	5	6
A	j	(	s	3	^	G	M	u	!	M	X	)	E	V	U	U
B	5	H	D	t	b	B	W	D	A	F	d	*	!	)	u	M
C	0	s	(	g	e	s	Y	J	M	2	G	@	8	a	c	N
D	T	B	$	^	;	K	N	m	G	p	W	1	h	V	z	E
E	(	@	V	0	n	B	8	j	3	p	d	*	U	z	#	A
F	S	0	N	Z	h	z	R	F	(	X	H	)	Z	w	P	y
G	M	D	@	c	d	P	w	@	R	k	P	w	X	m	H	Y
H	1	m	n	M	m	f	@	b	u	Z	v	x	w	e	a	1

(Notes:) _____

_____

_____

_____

_____

_____

44

(Account Name:)   (Date Created:)

(Login Page:)

(Associated Email Account:)

(Login or Username:)

	1	2	3	4	5	6	7	8	9	0	1	2	3	4	5	6
A	(	8	(	D	p	h	?	g	Y	x	k	Z	P	1	V	4
B	0	V	m	8	p	Y	C	v	3	p	2	1	J	7	E	q
C	b	X	x	a	S	p	u	U	$	D	6	x	;	u	%	(
D	u	M	w	i	;	(	M	e	4	f	V	;	D	t	7	(
E	%	X	x	e	%	Q	D	&	i	g	X	A	u	J	q	*
F	%	Z	2	w	2	#	f	T	T	S	x	8	%	(	v	M
G	D	p	T	u	z	@	1	9	x	G	a	s	3	n	y	m
H	D	T	Z	m	x	C	g	d	Z	r	a	2	E	3	#	b

(Notes:) _____

_____

_____

_____

_____

_____

	1	2	3	4	5	6	7	8	9	0	1	2	3	4	5	6
A	$	$	z	y	A	)	F	9	w	k	#	P	4	1	&	7
B	t	Y	y	j	f	E	1	n	T	&	@	A	i	C	t	;
C	m	z	R	?	n	y	j	7	D	2	s	8	F	7	D	R
D	T	R	!	d	R	M	E	G	2	d	V	@	0	x	a	^
E	#	q	1	&	S	3	0	Q	P	x	z	6	t	H	w	#
F	e	@	U	n	$	*	q	a	)	b	A	T	W	1	D	y
G	2	p	#	U	F	N	D	G	D	!	V	a	*	!	H	$
H	d	T	x	e	1	^	)	a	v	2	0	N	1	w	9	k

(Notes:) _____

_____

_____

_____

_____

_____

(Account Name:)   (Date Created:)

(Login Page:)

(Associated Email Account:)

(Login or Username:)

	1	2	3	4	5	6	7	8	9	0	1	2	3	4	5	6
A	G	b	A	V	2	K	q	r	O	K	U	y	S	z	x	k
B	!	W	9	N	P	G	b	k	b	R	7	u	3	N	M	f
C	T	D	Q	B	1	U	7	E	)	k	N	R	U	e	H	4
D	6	i	9	f	c	c	p	5	W	B	1	x	&	y	F	^
E	P	r	G	k	;	n	Z	f	b	6	g	s	;	?	Z	X
F	t	F	B	f	9	G	f	?	P	!	M	#	9	T	K	K
G	P	*	T	w	3	V	s	c	t	Z	*	t	s	d	*	V
H	?	X	v	S	n	;	M	M	5	m	n	n	3	e	D	v

(Notes:)

47

(Account Name:)   (Date Created:)

(Login Page:)

(Associated Email Account:)

(Login or Username:)

	1	2	3	4	5	6	7	8	9	0	1	2	3	4	5	6
A	u	n	(	C	V	T	b	@	i	)	x	x	;	C	;	C
B	(	3	Z	3	D	x	B	K	$	u	y	9	m	h	s	N
C	5	8	0	R	0	e	V	0	2	M	F	Y	b	E	@	%
D	5	x	2	G	Z	0	B	2	3	7	W	t	d	R	c	;
E	s	c	x	5	p	9	s	7	q	u	E	k	C	1	c	n
F	?	p	1	m	E	Y	M	1	H	q	v	%	d	V	E	;
G	u	?	9	$	0	V	@	1	z	T	$	Z	h	M	3	g
H	#	Q	1	h	7	v	8	N	D	^	c	B	P	%	1	V

(Notes:) _____

_____

_____

_____

_____

_____

48

(Account Name:)   (Date Created:)

(Login Page:)

(Associated Email Account:)

(Login or Username:)

	1	2	3	4	5	6	7	8	9	0	1	2	3	4	5	6
A	V	x	e	w	0	(	S	$	7	@	v	v	2	w	y	x
B	G	^	%	r	%	N	g	!	y	%	(	R	0	n	E	!
C	?	Q	a	t	(	F	6	g	y	7	g	r	5	b	c	b
D	x	7	7	(	z	p	S	A	K	h	E	Z	)	g	P	h
E	(	T	d	5	s	@	!	i	k	W	7	?	&	V	6	(
F	g	#	j	H	u	F	H	v	K	Q	0	d	j	A	y	F
G	v	t	*	z	N	f	P	Y	B	x	(	A	F	j	b	q
H	P	D	b	W	R	8	x	G	G	q	K	n	S	P	W	!

(Notes:) _____

_____

_____

_____

_____

_____

_____

49

(Account Name:) (Date Created:)

(Login Page:)

(Associated Email Account:)

(Login or Username:)

	1	2	3	4	5	6	7	8	9	0	1	2	3	4	5	6
A	0	x	w	@	h	F	h	M	F	0	w	r	K	C	P	4
B	U	D	E	x	q	1	3	8	W	z	2	7	(	j	%	^
C	v	C	t	Y	8	Q	@	v	#	G	X	b	E	J	V	%
D	w	f	#	5	J	2	R	j	7	9	Y	?	G	A	K	R
E	a	V	)	)	s	*	$	M	*	V	c	!	7	r	N	Q
F	)	n	P	W	0	N	c	X	m	C	d	D	8	$	e	j
G	d	C	t	4	!	t	i	6	Z	Z	B	!	v	y	V	a
H	N	D	d	X	0	a	s	P	9	Q	%	5	f	e	X	)

(Notes:) _____

_____

_____

_____

_____

_____

50

(Account Name:)   (Date Created:)

(Login Page:)

(Associated Email Account:)

(Login or Username:)

	1	2	3	4	5	6	7	8	9	0	1	2	3	4	5	6
A	#	j	w	&	z	A	1	f	&	@	Y	p	n	)	U	Q
B	M	Q	P	r	a	j	c	P	w	J	X	r	^	*	K	F
C	w	d	B	k	7	W	Q	z	*	d	M	G	R	c	2	X
D	M	4	J	R	W	E	1	m	?	3	;	H	9	T	w	?
E	)	w	?	W	b	6	z	&	C	a	z	h	b	!	2	k
F	V	y	%	v	2	G	b	?	j	g	c	U	(	G	p	m
G	$	@	b	T	H	)	2	n	S	&	s	Y	w	3	V	H
H	b	b	a	w	C	6	w	y	a	&	y	;	z	3	f	7

(Notes:) _____

_____

_____

_____

_____

_____

(Account Name:) (Date Created:)

(Login Page:)

(Associated Email Account:)

(Login or Username:)

	1	2	3	4	5	6	7	8	9	0	1	2	3	4	5	6
A	K	r	b	4	)	P	@	m	g	)	4	5	g	3	#	i
B	;	&	)	t	w	x	a	s	@	S	Y	H	u	h	s	g
C	C	1	N	s	P	t	S	a	#	V	6	m	s	A	m	J
D	U	d	#	8	3	5	V	5	8	R	@	J	a	d	S	U
E	Q	7	a	7	x	u	P	#	J	u	0	t	#	G	g	Z
F	v	?	d	S	y	B	7	d	c	M	!	8	v	g	m	E
G	?	M	!	)	S	6	0	!	J	B	i	)	e	(	r	0
H	w	!	e	K	1	P	4	(	;	%	y	B	w	E	B	u

(Notes:) _____

_____
_____
_____
_____
_____

(Account Name:)   (Date Created:)

(Login Page:)

(Associated Email Account:)

(Login or Username:)

	1	2	3	4	5	6	7	8	9	0	1	2	3	4	5	6
A	y	v	y	m	F	E	h	0	d	?	s	Q	e	4	x	5
B	F	h	S	&	W	T	h	R	3	S	v	Q	t	G	w	R
C	j	N	k	B	Z	s	K	@	)	(	Z	5	P	7	a	g
D	6	m	!	3	Y	J	S	g	@	G	A	a	s	u	R	$
E	k	p	g	?	r	A	(	V	r	M	9	$	&	$	N	s
F	y	k	E	X	U	2	D	g	V	F	C	n	#	F	Q	6
G	q	Q	?	!	)	B	p	j	q	u	6	?	V	*	@	P
H	n	M	&	u	#	f	?	Q	X	V	E	)	u	4	b	)

(Notes:)

53

	1	2	3	4	5	6	7	8	9	0	1	2	3	4	5	6
A	f	b	J	B	1	x	m	G	A	N	5	T	@	w	y	D
B	a	H	t	6	9	v	s	#	z	z	6	*	1	S	e	)
C	p	H	0	x	7	G	h	U	S	R	?	i	c	E	5	j
D	;	J	w	5	5	U	#	W	&	#	q	k	T	C	V	4
E	(	;	Q	A	;	0	7	v	G	j	q	v	2	*	9	P
F	@	r	)	Q	a	h	3	@	v	9	U	K	n	i	1	&
G	Q	@	k	e	Y	$	8	#	S	a	$	w	6	m	M	z
H	q	;	c	(	B	N	U	i	1	U	q	W	t	C	a	(

(Account Name:) (Date Created:)

(Login Page:)

(Associated Email Account:)

(Login or Username:)

	1	2	3	4	5	6	7	8	9	0	1	2	3	4	5	6
A	r	Z	U	(	J	i	h	(	!	p	2	Y	e	u	!	&
B	9	k	)	J	k	p	M	X	Q	c	S	9	q	F	h	m
C	#	1	C	E	c	r	j	V	e	i	1	4	y	&	e	Z
D	T	?	Q	N	i	9	g	h	H	7	4	y	&	J	e	;
E	z	K	B	c	J	E	j	;	A	6	h	g	%	Q	$	*
F	(	a	K	W	v	m	T	^	C	U	Z	@	&	S	?	m
G	0	$	z	(	n	3	e	Q	#	R	2	?	h	F	u	9
H	e	M	x	E	v	N	v	T	$	9	2	#	q	j	Q	Y

(Notes:) _____

_____

_____

_____

_____

_____

(Account Name:)   (Date Created:)

(Login Page:)

(Associated Email Account:)

(Login or Username:)

	1	2	3	4	5	6	7	8	9	0	1	2	3	4	5	6
A	n	X	5	p	C	P	(	B	e	^	Q	f	B	^	*	k
B	E	v	%	3	u	s	a	t	G	1	r	1	t	d	E	9
C	$	B	T	Y	n	J	J	V	x	i	J	E	G	R	g	s
D	z	k	G	z	y	2	8	!	5	G	T	g	)	K	?	1
E	v	n	S	8	$	i	#	*	*	E	&	w	r	S	S	#
F	t	i	k	9	w	M	#	x	M	f	)	h	G	M	A	@
G	@	E	Q	b	B	D	x	w	#	*	P	G	y	d	q	)
H	w	%	;	%	5	1	x	u	H	5	r	C	W	j	U	^

(Notes:) _____

_____

_____

_____

_____

_____

(Account Name:)   (Date Created:)

(Login Page:)

(Associated Email Account:)

(Login or Username:)

	1	2	3	4	5	6	7	8	9	0	1	2	3	4	5	6
A	7	n	i	)	B	B	j	2	U	Q	$	B	*	2	*	z
B	r	#	d	m	N	m	U	y	W	Z	A	4	N	j	?	2
C	4	)	B	g	)	M	9	7	B	&	&	(	S	U	9	;
D	4	7	a	1	%	X	7	#	m	8	b	s	R	j	P	F
E	j	K	H	5	!	u	1	)	9	C	X	R	5	H	k	Z
F	g	)	U	n	S	W	A	Q	k	8	N	6	?	y	G	x
G	A	w	w	2	;	Z	d	u	s	C	?	j	H	(	t	p
H	5	1	e	q	C	0	U	f	d	5	H	W	Z	J	9	f

(Notes:) _____

_____

_____

_____

_____

_____

57

(Account Name:)   (Date Created:)

(Login Page:)

(Associated Email Account:)

(Login or Username:)

	1	2	3	4	5	6	7	8	9	0	1	2	3	4	5	6
A	R	V	k	A	6	T	J	p	U	d	;	T	d	U	2	M
B	s	9	1	Z	F	@	7	C	G	k	U	H	7	C	3	J
C	8	Z	P	f	E	(	1	G	p	h	V	A	U	h	^	(
D	r	;	q	d	0	S	?	N	F	p	1	Y	b	E	7	;
E	D	E	N	s	X	b	t	t	t	?	S	M	e	V	D	X
F	t	W	!	!	V	g	&	Y	w	b	y	H	a	j	!	i
G	R	f	E	2	r	6	%	x	J	b	;	?	2	F	@	0
H	%	R	V	$	E	R	g	R	7	!	y	G	S	X	C	4

(Notes:) _____

_____

_____

_____

_____

_____

58

(Account Name:)   (Date Created:)

(Login Page:)

(Associated Email Account:)

(Login or Username:)

	1	2	3	4	5	6	7	8	9	0	1	2	3	4	5	6
A	7	V	4	D	R	U	y	2	A	S	&	!	Z	M	)	y
B	Y	m	Y	8	f	6	s	8	U	s	P	V	)	?	z	S
C	u	%	E	T	d	v	1	;	p	5	P	S	^	M	*	Q
D	)	@	4	8	P	b	;	5	(	V	0	(	k	e	j	u
E	j	N	9	C	c	@	;	d	9	r	K	e	S	!	%	;
F	B	0	6	*	)	F	u	K	K	;	*	4	e	D	u	Z
G	K	Z	2	)	C	u	p	J	Z	!	K	W	a	d	Q	*
H	F	K	b	F	%	%	r	F	U	n	6	j	0	m	D	G

(Notes:)

59

(Account Name:)   (Date Created:)

(Login Page:)

(Associated Email Account:)

(Login or Username:)

	1	2	3	4	5	6	7	8	9	0	1	2	3	4	5	6
A	%	@	5	)	R	F	m	n	a	p	1	C	q	k	%	s
B	(	f	D	K	y	K	9	0	Q	$	e	K	w	!	5	K
C	E	D	r	y	Q	1	^	*	E	K	T	1	9	u	%	2
D	Y	F	G	b	G	A	!	g	9	?	z	@	C	*	7	5
E	m	Q	0	U	G	u	n	v	5	V	j	h	Z	)	g	#
F	b	8	k	X	&	1	v	p	k	9	E	9	W	(	)	n
G	A	9	X	!	k	@	?	?	F	D	u	!	6	i	7	6
H	P	P	#	h	8	*	^	B	?	7	j	4	p	;	Y	T

(Notes:)

60

(Account Name:)   (Date Created:)

(Login Page:)

(Associated Email Account:)

(Login or Username:)

	1	2	3	4	5	6	7	8	9	0	1	2	3	4	5	6
A	?	U	g	K	N	i	)	)	X	;	^	R	B	2	i	C
B	K	T	X	9	x	9	J	?	D	r	F	!	g	?	%	N
C	@	4	?	6	%	G	b	B	0	R	Q	4	$	0	N	j
D	x	*	G	U	a	p	&	n	H	0	u	b	d	!	S	1
E	b	Q	a	f	h	!	9	3	;	&	J	y	M	a	2	x
F	0	7	T	#	w	c	C	x	B	u	k	*	B	K	4	e
G	m	7	v	(	;	2	S	h	$	s	6	j	B	P	3	y
H	S	v	Q	i	4	@	r	n	x	r	H	r	n	B	n	Q

(Notes:) _____

_____
_____
_____
_____
_____
_____

(Account Name:)   (Date Created:)

(Login Page:)

(Associated Email Account:)

(Login or Username:)

	1	2	3	4	5	6	7	8	9	0	1	2	3	4	5	6
A	w	&	h	9	@	y	u	0	)	T	D	i	Q	2	(	C
B	G	3	$	9	P	a	Q	i	X	4	j	Z	y	f	J	a
C	9	A	(	N	K	z	?	w	c	1	z	m	Y	(	m	c
D	S	B	T	r	V	E	M	v	D	X	E	U	b	X	P	r
E	?	4	s	e	1	!	(	R	9	h	s	W	t	%	W	!
F	J	u	P	m	B	j	;	5	C	f	k	p	%	T	)	F
G	k	0	X	t	3	&	U	A	C	t	s	Z	$	8	7	Z
H	w	&	h	9	@	y	u	0	)	T	D	i	Q	2	(	C

(Notes:) _____

_____

_____

_____

_____

_____

(Account Name:)   (Date Created:)

(Login Page:)

(Associated Email Account:)

(Login or Username:)

	1	2	3	4	5	6	7	8	9	0	1	2	3	4	5	6
A	*	;	t	c	i	(	E	1	m	(	s	k	a	T	e	)
B	%	F	z	2	b	f	(	%	0	i	^	%	W	m	m	^
C	N	K	^	)	9	8	7	Z	!	p	a	#	R	#	U	f
D	*	m	W	c	a	M	U	v	@	4	f	e	b	F	U	F
E	U	0	F	(	U	y	!	g	Q	k	g	1	p	Q	M	D
F	T	i	i	f	b	Y	Y	N	a	2	E	k	)	9	K	3
G	0	U	G	M	b	X	8	y	*	Z	8	4	i	@	5	u
H	1	0	2	;	F	v	4	G	w	a	&	7	4	m	q	#

(Notes:) _____

_____

_____

_____

_____

_____

(Account Name:)   (Date Created:)

(Login Page:)

(Associated Email Account:)

(Login or Username:)

	1	2	3	4	5	6	7	8	9	0	1	2	3	4	5	6
A	?	F	)	A	w	A	!	v	S	F	B	F	D	D	P	T
B	@	(	P	0	5	Q	S	p	v	Z	e	5	2	x	t	i
C	)	z	E	%	k	H	4	s	Z	V	q	N	i	w	T	v
D	h	u	e	J	T	!	f	(	*	X	k	Z	&	t	K	e
E	a	S	c	g	X	F	U	@	5	Z	M	z	Q	)	&	;
F	d	V	%	a	w	(	4	6	G	w	U	n	2	u	^	7
G	;	r	w	0	v	8	6	4	^	0	1	q	&	@	$	)
H	?	F	)	A	w	A	!	v	S	F	B	F	D	D	P	T

(Notes:) _____

_____

_____

_____

_____

_____

(Account Name:) _____ (Date Created:) _____

(Login Page:) _____

(Associated Email Account:) _____

(Login or Username:) _____

	1	2	3	4	5	6	7	8	9	0	1	2	3	4	5	6
A	V	t	G	h	z	m	n	5	E	W	z	K	W	P	1	G
B	a	;	Y	8	8	x	H	V	Q	j	0	0	T	P	R	n
C	J	*	?	8	&	S	V	g	0	$	T	R	F	8	^	d
D	*	f	6	h	x	x	t	j	0	T	p	3	C	q	v	G
E	n	b	M	z	3	^	R	G	7	^	E	9	e	B	h	M
F	P	X	3	4	(	w	c	F	n	3	M	j	v	S	p	;
G	E	r	P	X	G	(	f	u	S	p	3	q	9	H	7	(
H	G	i	2	(	Z	B	?	B	M	t	r	e	h	R	)	n

(Notes:) _____

_____

_____

_____

_____

_____

(Account Name:)   (Date Created:)

(Login Page:)

(Associated Email Account:)

(Login or Username:)

	1	2	3	4	5	6	7	8	9	0	1	2	3	4	5	6
A	v	D	M	q	k	2	C	W	g	m	M	K	s	G	J	a
B	x	^	g	!	a	@	M	)	K	9	h	W	a	d	G	^
C	a	U	#	D	x	7	%	m	;	k	t	a	2	?	U	a
D	1	Q	i	(	Z	H	6	v	d	s	s	h	0	R	3	b
E	g	3	h	T	4	K	U	^	d	m	!	Y	(	H	q	e
F	z	w	?	U	U	u	g	N	c	Q	x	F	@	Q	)	#
G	j	p	J	g	k	Y	*	e	B	@	9	^	k	;	)	t
H	2	M	A	x	e	h	N	r	*	C	H	?	e	d	8	U

(Notes:)

66

(Account Name:)   (Date Created:)

(Login Page:)

(Associated Email Account:)

(Login or Username:)

	1	2	3	4	5	6	7	8	9	0	1	2	3	4	5	6
A	C	K	M	J	r	T	&	s	F	;	h	R	G	7	e	d
B	T	(	%	F	b	^	E	m	m	A	a	@	u	z	J	U
C	&	4	m	7	V	(	6	)	;	X	i	p	#	d	%	;
D	s	q	f	J	N	t	Z	c	$	M	V	j	X	Q	m	a
E	U	a	D	K	k	t	f	q	6	v	j	9	t	U	B	F
F	f	;	x	F	b	w	V	W	s	K	x	t	T	^	k	N
G	q	)	H	j	U	T	m	d	K	U	G	H	g	a	F	y
H	k	3	i	x	0	*	1	s	@	X	6	H	D	&	W	U

(Notes:)

(Account Name:)   (Date Created:)

(Login Page:)

(Associated Email Account:)

(Login or Username:)

	1	2	3	4	5	6	7	8	9	0	1	2	3	4	5	6
A	q	M	T	(	m	i	S	E	6	S	*	i	^	F	X	3
B	F	V	%	@	g	V	i	K	A	8	J	P	w	D	C	5
C	J	5	S	g	v	7	%	j	1	g	M	r	R	3	N	w
D	U	#	S	s	w	v	n	p	F	3	;	a	u	7	m	j
E	!	h	P	@	C	e	c	t	N	y	R	e	i	e	n	w
F	R	A	#	M	5	*	?	s	#	e	k	R	p	8	*	P
G	n	p	D	j	h	8	J	*	7	H	f	B	t	^	8	A
H	5	t	D	;	g	W	k	k	5	j	f	^	(	W	q	y

(Notes:) _____

_____

_____

_____

_____

_____

(Account Name:)   (Date Created:)

(Login Page:)

(Associated Email Account:)

(Login or Username:)

	1	2	3	4	5	6	7	8	9	0	1	2	3	4	5	6
A	k	a	Z	9	#	H	q	K	E	d	1	7	A	U	2	G
B	4	V	0	H	b	1	@	4	F	R	;	X	X	r	?	W
C	Q	z	A	F	q	U	$	A	S	5	D	6	?	5	h	6
D	D	5	$	8	1	d	j	z	B	)	8	d	J	d	6	M
E	*	b	N	H	^	U	S	X	@	;	%	#	e	D	(	D
F	q	2	S	;	Z	e	C	h	6	T	B	S	d	9	1	q
G	E	i	k	y	)	C	e	d	R	h	7	i	w	z	W	4
H	s	9	b	v	?	0	b	S	n	6	x	q	a	T	P	X

(Notes:)

(Account Name:)   (Date Created:)

(Login Page:)

(Associated Email Account:)

(Login or Username:)

	1	2	3	4	5	6	7	8	9	0	1	2	3	4	5	6
A	1	Q	y	4	;	A	0	E	0	M	Y	0	s	m	#	z
B	J	U	R	9	M	j	G	5	z	y	d	x	#	B	D	k
C	9	m	X	7	#	(	a	z	!	d	V	p	)	%	7	%
D	a	8	t	%	8	C	F	F	z	j	P	x	7	K	w	n
E	%	B	U	?	J	$	w	r	e	G	6	t	1	c	?	3
F	$	u	N	C	F	p	8	u	@	B	z	G	)	)	$	z
G	Z	6	$	H	q	w	8	)	y	F	p	&	s	i	X	?
H	J	@	8	n	G	E	%	F	H	b	N	n	M	F	6	K

(Notes:)

70

	1	2	3	4	5	6	7	8	9	0	1	2	3	4	5	6
A	e	D	W	#	d	T	!	!	e	c	O	N	?	W	i	r
B	d	J	)	C	7	H	!	M	Y	j	D	k	*	Z	A	$
C	3	C	e	W	j	q	x	2	X	9	A	;	k	G	b	N
D	?	q	1	9	c	x	(	U	U	!	U	r	4	R	Y	5
E	m	%	A	9	A	h	8	N	r	4	R	*	Q	$	*	h
F	?	h	S	X	s	v	7	1	T	T	^	E	*	)	8	?
G	b	?	K	e	i	R	k	E	?	R	8	)	f	W	U	M
H	e	J	9	S	%	#	m	P	i	;	T	K	?	i	Z	T

(Notes:) _____

_____

_____

_____

_____

_____

(Account Name:)　　　　　　　　　　　　　(Date Created:)

(Login Page:)

(Associated Email Account:)

(Login or Username:)

	1	2	3	4	5	6	7	8	9	0	1	2	3	4	5	6
A	^	7	Y	Q	6	J	6	#	S	p	R	*	3	k	T	f
B	N	%	y	5	g	m	X	i	2	i	t	g	r	h	2	*
C	7	k	t	;	t	r	0	$	M	A	!	a	9	j	&	k
D	3	x	*	d	N	i	B	A	t	b	C	Z	k	u	d	0
E	8	^	4	*	^	h	^	B	G	)	n	;	w	Z	D	P
F	S	2	2	3	&	W	Q	1	c	T	1	u	4	4	U	K
G	*	2	z	1	4	6	z	j	k	x	T	%	a	m	;	R
H	X	&	!	(	2	5	m	5	u	3	B	T	q	X	x	Q

(Notes:)

72

(Account Name:)   (Date Created:)

(Login Page:)

(Associated Email Account:)

(Login or Username:)

	1	2	3	4	5	6	7	8	9	0	1	2	3	4	5	6
A	K	C	x	G	j	?	j	h	i	J	B	Y	r	v	b	(
B	n	?	S	H	h	c	f	D	F	V	B	)	F	(	q	1
C	2	(	U	9	5	Z	1	#	U	V	4	?	*	A	P	N
D	a	U	j	T	s	h	0	z	u	U	h	P	A	g	P	s
E	G	z	A	B	c	B	q	Q	T	@	Q	U	u	s	q	h
F	P	s	E	M	V	i	j	0	B	3	;	N	A	n	@	z
G	f	V	b	?	9	1	6	3	m	d	(	c	d	J	6	S
H	8	F	N	q	1	C	R	J	z	w	S	i	z	1	k	8

(Notes:) _____

_____

_____

_____

_____

_____

_____

(Account Name:)   (Date Created:)

(Login Page:)

(Associated Email Account:)

(Login or Username:)

	1	2	3	4	5	6	7	8	9	0	1	2	3	4	5	6
A	R	r	B	i	2	9	2	t	h	A	U	!	b	T	^	P
B	&	*	n	2	4	k	A	a	A	P	W	n	Y	e	A	Y
C	n	9	A	M	3	8	j	&	k	6	k	q	A	R	1	N
D	q	a	x	#	P	8	q	J	$	G	U	!	*	4	g	2
E	i	F	x	3	%	i	k	d	8	&	a	g	m	)	9	A
F	Q	(	q	d	r	w	Q	$	Z	x	5	p	X	!	g	(
G	P	S	h	F	V	D	)	W	$	r	f	6	T	5	U	r
H	V	x	k	T	r	t	j	C	8	n	u	(	%	G	3	F

(Notes:) _____

_____

_____

_____

_____

_____

74

(Account Name:)   (Date Created:)

(Login Page:)

(Associated Email Account:)

(Login or Username:)

	1	2	3	4	5	6	7	8	9	0	1	2	3	4	5	6
A	j	(	#	y	C	w	e	W	q	u	v	M	V	Q	f	&
B	R	1	5	J	n	x	S	)	F	3	7	9	M	9	?	B
C	a	m	F	B	2	X	0	!	%	7	(	4	?	4	e	a
D	8	7	)	a	U	;	3	V	S	f	v	%	t	x	W	b
E	p	B	b	0	*	x	2	)	a	W	B	v	h	w	8	)
F	E	R	0	V	N	W	q	D	H	b	M	B	)	w	R	a
G	K	!	E	(	$	(	t	q	C	K	2	5	P	&	z	X
H	f	p	R	r	M	M	w	#	x	#	?	Q	5	V	P	q

(Notes:) _____

_____

_____

_____

_____

_____

75

(Account Name:)   (Date Created:)

(Login Page:)

(Associated Email Account:)

(Login or Username:)

	1	2	3	4	5	6	7	8	9	0	1	2	3	4	5	6
A	q	0	t	n	J	t	h	q	i	h	t	Z	j	H	9	i
B	C	3	P	h	i	G	k	R	G	t	&	5	y	G	M	N
C	u	c	u	A	r	1	E	F	%	e	@	?	T	?	?	A
D	N	E	h	u	#	V	4	Q	e	b	E	3	V	%	6	Q
E	)	2	m	2	P	w	E	5	n	4	r	%	A	2	B	M
F	u	s	D	E	r	i	;	4	F	8	J	P	*	K	*	z
G	v	g	p	*	f	?	#	d	$	V	f	r	u	*	i	i
H	F	c	%	F	h	X	K	^	C	N	x	1	W	A	G	J

(Notes:)

76

(Account Name:)   (Date Created:)

(Login Page:)

(Associated Email Account:)

(Login or Username:)

	1	2	3	4	5	6	7	8	9	0	1	2	3	4	5	6
A	t	N	q	H	@	0	a	i	y	8	P	h	R	?	f	D
B	!	F	U	m	M	J	a	;	b	H	t	A	B	q	K	t
C	c	$	m	^	r	c	C	F	R	c	6	N	;	J	i	&
D	Q	R	^	3	%	&	*	h	Y	;	N	8	@	r	h	n
E	c	n	2	$	i	%	e	v	m	j	1	%	9	4	U	^
F	d	3	m	J	J	$	G	$	t	1	*	(	v	(	e	f
G	%	4	s	1	g	)	^	A	b	*	8	F	^	U	U	e
H	1	R	1	Q	%	&	F	b	Y	p	;	@	J	r	0	r

(Notes:) _____

_____

_____

_____

_____

_____

(Account Name:)   (Date Created:)

(Login Page:)

(Associated Email Account:)

(Login or Username:)

	1	2	3	4	5	6	7	8	9	0	1	2	3	4	5	6
A	r	t	M	Y	*	(	R	$	m	U	u	f	N	Y	&	b
B	7	z	C	p	J	&	3	S	6	m	T	F	(	V	U	3
C	Z	8	B	Q	2	V	P	5	f	c	@	g	r	#	C	4
D	W	n	5	!	T	k	&	j	T	e	@	k	r	$	A	@
E	7	?	8	q	)	%	*	n	k	0	R	k	a	$	v	@
F	z	E	P	G	A	Q	u	n	6	D	9	G	3	i	!	r
G	6	J	d	z	T	P	N	W	;	4	b	%	Y	c	h	0
H	T	z	4	%	c	$	0	$	W	(	U	t	c	t	5	^

(Notes:)

78

(Account Name:)   (Date Created:)

(Login Page:)

(Associated Email Account:)

(Login or Username:)

	1	2	3	4	5	6	7	8	9	0	1	2	3	4	5	6
A	;	F	T	R	Z	j	;	@	g	5	9	?	H	8	$	;
B	s	c	g	9	h	H	H	d	4	j	M	6	6	e	T	r
C	&	b	0	s	u	%	(	8	Z	B	M	f	2	a	8	2
D	J	E	p	W	W	Y	Y	9	$	B	m	y	r	x	f	Y
E	C	w	h	c	6	M	6	8	v	9	p	j	k	9	#	K
F	*	)	j	e	D	b	6	?	9	S	$	B	r	&	e	V
G	u	)	#	^	F	5	z	%	v	e	7	m	p	K	8	a
H	D	i	P	E	x	H	T	v	V	T	K	n	j	w	?	A

(Notes:) _____

_____

_____

_____

_____

_____

79

(Account Name:)   (Date Created:)

(Login Page:)

(Associated Email Account:)

(Login or Username:)

	1	2	3	4	5	6	7	8	9	0	1	2	3	4	5	6
A	P	y	b	0	u	(	z	d	F	9	b	;	Q	@	x	v
B	n	;	&	f	?	1	7	S	S	X	H	0	z	f	C	H
C	J	f	Y	q	p	4	C	a	b	5	z	G	K	W	X	M
D	X	J	P	t	*	p	7	J	e	B	9	2	s	S	K	0
E	N	V	E	T	M	s	6	N	p	F	t	p	$	a	D	f
F	s	D	c	X	n	n	3	;	K	a	6	g	J	b	D	2
G	#	0	g	c	b	4	D	H	E	z	s	A	U	Z	y	$
H	S	X	6	m	!	8	D	Z	F	M	!	D	0	?	*	z

(Notes:) _____

_____

_____

_____

_____

_____

(Account Name:)   (Date Created:)

(Login Page:)

(Associated Email Account:)

(Login or Username:)

	1	2	3	4	5	6	7	8	9	0	1	2	3	4	5	6
A	4	Z	E	A	;	9	6	2	P	%	T	k	T	y	!	$
B	i	k	s	9	n	^	Q	n	4	A	^	t	w	r	6	6
C	v	u	g	m	t	3	N	F	Y	m	V	^	q	;	g	a
D	?	h	W	G	x	4	y	C	p	8	T	4	Q	s	@	t
E	Q	i	9	D	$	0	n	)	w	F	V	@	i	T	#	5
F	W	F	@	m	7	6	q	Z	J	(	(	b	c	u	V	E
G	p	8	Y	j	b	^	n	W	f	&	C	s	t	%	N	A
H	K	M	&	v	t	m	N	?	9	4	m	m	!	N	1	i

(Notes:) _____

_____

_____

_____

_____

_____

(Account Name:)   (Date Created:)

(Login Page:)

(Associated Email Account:)

(Login or Username:)

	1	2	3	4	5	6	7	8	9	0	1	2	3	4	5	6
A	i	f	E	;	d	X	w	?	b	r	G	F	z	k	z	*
B	J	T	&	^	u	V	A	2	4	!	A	8	n	;	&	^
C	3	W	g	&	(	5	H	R	3	b	q	V	B	j	6	K
D	A	i	Q	P	N	X	t	V	$	a	m	e	Z	R	W	T
E	0	a	F	!	D	U	J	p	a	1	a	!	?	^	$	*
F	U	V	U	b	p	f	8	R	7	U	u	h	P	(	F	b
G	T	8	x	*	R	Z	k	8	N	b	7	*	g	u	S	Q
H	$	g	(	r	M	F	G	P	h	F	0	B	&	t	G	*

(Notes:) _____

_____

_____

_____

_____

_____

82

(Account Name:)   (Date Created:)

(Login Page:)

(Associated Email Account:)

(Login or Username:)

	1	2	3	4	5	6	7	8	9	0	1	2	3	4	5	6
A	#	f	u	T	3	c	P	G	4	C	i	H	&	3	Q	7
B	3	v	!	4	0	q	v	4	x	i	!	*	X	$	W	u
C	S	D	0	R	Q	m	H	y	R	A	s	F	5	j	3	Q
D	4	D	y	R	x	;	@	R	%	s	Q	R	Y	7	@	Q
E	v	A	Q	g	n	G	i	W	2	A	?	n	1	X	E	(
F	S	w	3	j	Y	f	$	X	w	k	5	8	5	y	B	Z
G	X	d	F	@	d	S	D	9	?	4	%	i	X	6	&	C
H	6	d	h	W	w	@	p	5	p	0	w	^	?	T	?	h

(Notes:)

(Account Name:)   (Date Created:)

(Login Page:)

(Associated Email Account:)

(Login or Username:)

	1	2	3	4	5	6	7	8	9	0	1	2	3	4	5	6
A	$	a	u	a	d	w	M	g	z	8	7	v	V	n	i	p
B	3	c	U	a	g	^	%	8	p	7	9	0	8	u	%	r
C	h	Q	m	u	%	@	N	(	W	D	H	e	g	?	b	H
D	n	J	H	K	Y	T	g	e	x	9	!	f	D	J	s	9
E	V	;	C	e	w	d	3	#	t	1	i	e	!	8	V	X
F	)	A	X	j	^	?	2	m	D	;	X	V	s	W	0	V
G	^	A	i	X	t	a	t	#	*	S	H	7	@	t	b	1
H	0	f	b	B	q	j	*	z	!	f	x	N	K	w	6	N

(Notes:) _____

_____

_____

_____

_____

_____

84

(Account Name:)   (Date Created:)

(Login Page:)

(Associated Email Account:)

(Login or Username:)

	1	2	3	4	5	6	7	8	9	0	1	2	3	4	5	6
A	)	0	V	!	Y	V	7	a	#	w	A	3	g	^	G	U
B	9	?	!	C	R	V	G	1	f	#	2	#	?	w	N	F
C	N	A	#	g	7	k	F	e	b	H	#	!	X	3	J	E
D	n	2	#	i	U	V	k	G	0	M	G	q	Y	M	9	N
E	5	!	c	p	3	k	d	9	D	6	Z	n	;	#	0	z
F	$	v	N	)	?	Z	X	P	;	q	?	@	1	Q	3	&
G	)	k	a	G	B	c	4	f	S	U	3	y	G	Q	h	R
H	w	2	q	%	i	j	1	A	Q	8	@	N	M	4	@	B

(Notes:)

85

(Account Name:)   (Date Created:)

(Login Page:)

(Associated Email Account:)

(Login or Username:)

	1	2	3	4	5	6	7	8	9	0	1	2	3	4	5	6
A	7	t	6	%	#	x	b	q	@	D	@	3	H	8	3	N
B	N	J	^	0	c	g	q	3	X	g	U	D	z	s	G	e
C	&	e	s	R	*	h	v	0	z	F	i	G	J	S	N	h
D	M	(	5	*	u	W	Q	E	i	P	X	0	s	%	;	%
E	m	3	#	H	i	4	9	X	i	3	b	K	g	z	Q	d
F	t	&	k	3	W	X	9	t	Z	2	J	$	7	H	e	K
G	S	3	S	B	s	n	N	u	T	b	5	b	;	r	n	e
H	e	W	j	*	9	W	y	G	9	q	t	q	&	E	d	e

(Notes:) _____

_____

_____

_____

_____

_____

86

(Account Name:) (Date Created:)

(Login Page:)

(Associated Email Account:)

(Login or Username:)

	1	2	3	4	5	6	7	8	9	0	1	2	3	4	5	6
A	q	;	A	H	j	v	h	6	t	;	v	6	H	B	9	;
B	k	t	%	d	c	Z	p	z	S	b	Y	@	N	h	%	C
C	(	0	D	W	U	V	)	!	b	C	;	V	!	a	2	&
D	4	4	M	E	d	U	Y	b	7	G	M	s	5	$	C	*
E	d	*	A	&	H	j	a	H	k	D	R	5	G	&	X	?
F	f	N	r	%	y	@	W	?	P	t	Y	x	q	H	R	0
G	Z	C	M	9	%	K	m	?	%	@	d	4	U	N	U	2
H	j	y	5	e	b	h	a	u	j	w	K	U	4	z	G	e

(Notes:) _____

_____

_____

_____

_____

_____

(Account Name:)   (Date Created:)

(Login Page:)

(Associated Email Account:)

(Login or Username:)

	1	2	3	4	5	6	7	8	9	0	1	2	3	4	5	6
A	5	m	V	h	f	y	P	4	9	?	c	R	w	#	u	^
B	h	B	%	n	g	f	x	A	8	A	5	a	&	@	B	2
C	u	E	%	2	q	N	X	y	Y	#	W	(	9	#	N	r
D	e	;	p	$	^	m	Q	f	b	T	f	f	x	b	8	M
E	8	Z	!	Q	E	N	!	W	G	A	m	?	C	f	F	g
F	;	y	D	U	7	x	A	a	)	6	?	D	D	X	N	B
G	8	$	W	w	P	&	9	q	(	u	Q	F	g	g	4	f
H	t	B	4	;	z	F	a	D	r	@	h	c	V	u	q	E

(Notes:) _____

_____

_____

_____

_____

_____

(Account Name:)   (Date Created:)

(Login Page:)

(Associated Email Account:)

(Login or Username:)

	1	2	3	4	5	6	7	8	9	0	1	2	3	4	5	6
A	B	E	)	n	V	m	N	T	*	W	Z	K	F	y	6	#
B	n	#	C	F	T	?	*	v	2	z	7	F	P	N	N	(
C	j	H	m	T	R	*	9	h	g	e	V	4	i	j	#	;
D	)	A	#	M	?	#	s	M	F	&	R	W	Y	M	V	c
E	f	d	2	x	4	d	i	e	g	i	N	9	F	z	&	j
F	3	J	K	P	g	&	K	N	;	B	M	%	?	Q	w	c
G	B	m	?	6	R	e	T	J	)	S	n	(	J	J	r	h
H	q	R	(	t	1	P	v	#	%	X	(	U	7	0	!	X

(Notes:) _____

_____

_____

_____

_____

_____

89

(Account Name:)   (Date Created:)

(Login Page:)

(Associated Email Account:)

(Login or Username:)

	1	2	3	4	5	6	7	8	9	0	1	2	3	4	5	6
A	@	2	&	K	Y	b	N	h	0	4	u	t	9	c	7	g
B	E	Y	F	*	J	m	S	V	7	c	w	R	j	N	R	D
C	N	^	h	T	7	w	7	A	B	4	$	p	m	k	9	G
D	)	#	$	G	1	W	2	F	R	$	f	4	2	W	z	p
E	B	(	7	7	M	H	v	W	D	u	j	8	g	%	N	N
F	f	@	W	X	q	v	2	X	A	S	^	;	!	q	F	g
G	V	s	H	#	$	*	&	M	$	^	C	%	z	1	$	X
H	K	@	b	V	!	R	K	G	(	N	1	M	h	g	U	C

(Notes:) _____

_____

_____

_____

_____

_____

	1	2	3	4	5	6	7	8	9	0	1	2	3	4	5	6
A	C	^	8	T	!	%	#	3	G	0	z	)	c	S	S	Z
B	J	A	X	K	K	G	B	x	S	0	&	v	t	f	K	v
C	J	A	!	R	p	1	u	c	k	j	c	B	h	t	(	D
D	j	7	K	%	@	e	p	0	;	t	8	E	W	m	t	R
E	y	t	R	S	y	J	8	h	C	(	Z	h	r	g	7	u
F	8	G	!	X	&	e	^	U	X	^	Q	b	1	q	H	A
G	5	f	7	7	)	)	a	G	k	d	y	A	i	F	1	k
H	G	Q	x	Z	R	w	b	s	)	R	N	u	d	h	k	5

(Account Name:)   (Date Created:)

(Login Page:)

(Associated Email Account:)

(Login or Username:)

	1	2	3	4	5	6	7	8	9	0	1	2	3	4	5	6
A	P	B	Y	D	@	D	H	a	s	R	g	Q	7	P	c	*
B	Y	9	@	u	J	)	@	B	F	&	U	c	?	k	J	;
C	2	$	#	P	W	(	j	?	B	X	E	w	H	^	p	q
D	6	7	u	u	J	y	7	K	E	&	s	b	%	s	5	A
E	f	*	s	j	&	g	Y	0	C	v	2	$	z	F	F	H
F	9	V	y	d	m	2	x	@	R	;	i	T	A	U	M	9
G	J	T	w	@	y	f	^	e	2	V	(	5	i	$	5	a
H	%	#	r	u	C	B	n	y	M	C	R	X	B	(	S	?

(Notes:) _____

_____

_____

_____

_____

_____

(Account Name:)   (Date Created:)

(Login Page:)

(Associated Email Account:)

(Login or Username:)

	1	2	3	4	5	6	7	8	9	0	1	2	3	4	5	6
A	D	P	Y	m	h	%	2	#	G	u	B	j	a	;	m	q
B	*	N	A	1	F	v	7	v	M	6	7	y	W	w	J	8
C	r	1	D	)	Y	e	n	*	w	a	X	u	v	a	G	)
D	g	d	X	W	S	f	*	)	4	q	&	s	C	n	g	6
E	R	N	v	z	G	q	U	^	V	#	T	;	%	E	7	k
F	F	d	d	$	j	7	E	d	*	#	R	p	m	y	m	K
G	!	n	H	j	U	V	m	%	h	k	x	s	;	(	W	N
H	G	H	a	j	A	!	y	k	8	j	J	#	U	#	6	0

(Notes:) _____

_____

_____

_____

_____

_____

(Account Name:)   (Date Created:)

(Login Page:)

(Associated Email Account:)

(Login or Username:)

	1	2	3	4	5	6	7	8	9	0	1	2	3	4	5	6
A	k	8	%	2	*	5	u	R	H	E	p	6	k	E	)	#
B	b	(	h	&	2	0	)	n	&	U	h	P	5	)	M	C
C	i	2	r	;	b	U	x	i	p	x	k	;	4	;	h	a
D	d	Y	u	a	F	t	a	6	@	Z	C	(	t	H	n	5
E	%	i	F	g	@	m	X	1	)	8	S	9	a	G	8	r
F	C	4	m	$	S	B	P	6	J	(	n	S	F	0	W	)
G	5	9	X	R	#	U	H	P	r	G	5	4	v	Y	3	@
H	2	?	9	z	8	?	t	k	Z	F	^	J	b	;	U	)

(Notes:) _____

_____

_____

_____

_____

_____

94

(Account Name:)   (Date Created:)

(Login Page:)

(Associated Email Account:)

(Login or Username:)

	1	2	3	4	5	6	7	8	9	0	1	2	3	4	5	6
A	a	D	t	W	W	9	F	i	Q	7	P	M	c	N	Q	x
B	X	4	M	?	^	;	k	U	m	&	$	m	8	C	;	7
C	P	Z	2	&	y	w	G	i	2	Z	0	x	2	j	!	W
D	g	r	s	^	5	&	V	#	0	?	q	&	Z	*	t	x
E	c	c	2	F	p	b	V	?	i	d	Z	W	G	e	V	^
F	@	#	4	$	1	X	S	$	F	?	j	u	g	Q	)	8
G	T	4	%	3	7	$	v	7	;	*	g	p	m	d	f	$
H	i	K	u	D	0	a	T	7	i	F	@	i	i	(	F	m

(Notes:) _____

_____

_____

_____

_____

_____

95

(Account Name:)   (Date Created:)

(Login Page:)

(Associated Email Account:)

(Login or Username:)

	1	2	3	4	5	6	7	8	9	0	1	2	3	4	5	6
A	v	8	K	E	Q	1	9	U	h	S	A	t	5	s	@	w
B	j	2	w	*	%	W	2	4	r	^	2	d	z	@	A	&
C	E	a	8	d	f	5	p	8	H	W	f	g	J	v	c	H
D	E	8	$	x	9	i	%	V	c	(	%	F	9	h	D	u
E	0	s	9	J	F	#	8	e	E	%	3	t	F	&	A	G
F	?	9	!	P	t	a	K	Y	E	)	k	g	G	(	i	^
G	G	M	E	5	7	#	m	f	H	P	T	$	i	j	7	Q
H	D	s	f	F	E	U	H	G	n	9	r	5	S	B	T	f

(Notes:) _____

_____

_____

_____

_____

_____

(Account Name:)   (Date Created:)

(Login Page:)

(Associated Email Account:)

(Login or Username:)

	1	2	3	4	5	6	7	8	9	0	1	2	3	4	5	6
A	Y	2	9	n	0	M	z	V	a	Q	G	m	9	R	J	g
B	a	s	3	G	V	Q	0	u	2	p	0	J	z	^	P	k
C	9	k	B	N	z	6	7	#	A	R	a	p	d	X	0	A
D	m	9	b	#	X	T	Y	C	p	C	!	f	N	r	J	#
E	m	p	?	h	D	t	3	y	(	i	e	P	F	k	(	W
F	4	A	d	s	z	Z	y	C	P	v	!	3	%	S	5	Q
G	T	R	D	#	(	j	(	x	&	$	q	A	%	#	S	d
H	K	B	i	m	A	&	E	6	y	y	M	E	n	%	n	0

(Notes:) _____

_____

_____

_____

_____

_____

97

(Account Name:)   (Date Created:)

(Login Page:)

(Associated Email Account:)

(Login or Username:)

	1	2	3	4	5	6	7	8	9	0	1	2	3	4	5	6
A	9	e	t	t	#	2	*	m	i	z	;	s	F	Q	5	Y
B	C	j	J	A	&	V	2	W	X	t	X	^	K	3	c	X
C	f	r	3	w	B	&	s	S	)	b	w	5	a	&	q	m
D	^	A	W	X	V	F	t	Y	T	;	6	R	Q	%	P	T
E	d	j	B	V	v	z	e	g	e	e	m	V	V	c	h	9
F	r	g	E	R	q	&	j	a	u	M	G	V	g	d	B	^
G	k	*	9	&	!	r	U	)	s	$	1	q	c	9	Z	x
H	0	i	x	c	z	a	h	?	a	;	8	C	^	i	U	A

(Notes:) _____

_____

_____

_____

_____

_____

(Account Name:)   (Date Created:)

(Login Page:)

(Associated Email Account:)

(Login or Username:)

	1	2	3	4	5	6	7	8	9	0	1	2	3	4	5	6
A	5	3	b	k	^	x	4	F	f	%	X	U	1	m	T	B
B	6	b	C	b	6	V	R	v	a	q	#	b	D	E	$	W
C	j	T	p	9	W	Y	5	J	m	N	R	R	g	E	J	s
D	!	b	N	0	5	P	f	y	0	h	C	N	%	U	c	R
E	J	t	e	Z	t	S	;	;	D	%	R	7	r	M	b	2
F	h	S	2	e	N	v	S	X	5	^	d	#	f	7	P	p
G	^	B	9	C	N	W	V	C	e	V	F	w	c	2	E	m
H	Q	$	m	E	Y	4	8	a	u	^	W	e	P	w	F	4

(Notes:) _____

_____

_____

_____

_____

_____

(Account Name:)   (Date Created:)

(Login Page:)

(Associated Email Account:)

(Login or Username:)

	1	2	3	4	5	6	7	8	9	0	1	2	3	4	5	6
A	C	z	0	s	;	Y	)	Z	5	D	D	R	h	E	H	i
B	f	b	X	G	)	f	C	e	W	0	&	j	q	v	q	n
C	z	K	P	Q	A	s	2	E	k	5	6	T	y	b	v	J
D	y	8	7	W	Q	1	*	e	m	R	?	n	y	9	G	M
E	S	R	s	j	)	N	y	0	x	Y	S	r	M	$	Y	z
F	;	3	)	p	0	C	&	*	g	W	u	K	J	H	J	x
G	G	W	x	u	&	Z	3	2	$	?	%	H	M	3	U	*
H	k	e	n	q	w	t	z	j	a	h	8	R	*	%	?	@

(Notes:) _____

_____

_____

_____

_____

_____

100

(Account Name:)   (Date Created:)

(Login Page:)

(Associated Email Account:)

(Login or Username:)

	1	2	3	4	5	6	7	8	9	0	1	2	3	4	5	6
A	v	k	w	Z	Z	Y	@	0	h	A	!	y	Q	@	*	g
B	H	U	t	6	K	d	&	A	n	r	U	5	3	;	K	b
C	%	1	%	V	X	4	H	p	8	4	A	%	D	M	g	P
D	D	)	$	5	V	N	G	n	(	5	a	Y	7	h	n	q
E	0	g	a	6	M	u	@	P	%	5	Z	S	#	a	M	H
F	J	M	A	z	G	X	&	V	u	1	9	J	0	U	m	u
G	c	Q	(	K	F	6	!	Z	v	9	x	$	Q	N	h	t
H	7	(	d	v	W	W	x	^	4	Y	P	a	?	d	%	i

(Notes:) _____

_____

_____

_____

_____

_____

(Account Name:)   (Date Created:)

(Login Page:)

(Associated Email Account:)

(Login or Username:)

	1	2	3	4	5	6	7	8	9	0	1	2	3	4	5	6
A	%	R	m	6	0	b	$	n	3	u	6	&	J	#	@	w
B	y	1	m	t	G	?	0	9	f	c	C	$	9	m	d	;
C	(	Y	r	m	K	1	m	j	M	j	a	%	C	T	4	1
D	0	x	p	Q	6	x	K	(	J	9	^	W	Y	3	z	!
E	P	Z	)	w	0	C	%	(	h	k	Q	4	!	X	m	5
F	#	r	n	Z	5	d	@	!	J	7	4	M	i	P	F	D
G	e	A	*	%	k	!	C	#	u	f	e	b	F	*	X	3
H	x	A	G	D	V	y	;	0	;	T	g	1	@	4	;	r

(Notes:)

(Account Name:)   (Date Created:)

(Login Page:)

(Associated Email Account:)

(Login or Username:)

	1	2	3	4	5	6	7	8	9	0	1	2	3	4	5	6
A	t	m	z	Y	)	7	X	8	N	9	P	J	M	*	u	6
B	Y	5	q	i	$	p	f	v	q	N	1	w	h	9	2	h
C	&	v	4	(	U	F	6	4	x	7	8	h	7	v	U	b
D	^	3	D	q	f	3	@	s	(	F	p	N	S	V	J	M
E	R	2	!	q	H	H	J	w	c	D	5	#	t	m	S	*
F	&	W	K	Q	C	s	$	8	1	Z	a	b	G	1	y	P
G	u	E	M	%	@	T	1	Q	h	S	2	X	p	R	@	u
H	K	a	Y	#	J	%	e	b	z	@	0	4	4	c	B	V

(Notes:) _____

_____
_____
_____
_____
_____

(Account Name:)   (Date Created:)

(Login Page:)

(Associated Email Account:)

(Login or Username:)

	1	2	3	4	5	6	7	8	9	0	1	2	3	4	5	6
A	6	G	b	8	b	B	p	j	Z	Z	?	6	?	n	u	B
B	B	j	V	c	x	b	$	n	F	D	N	r	T	d	w	c
C	W	m	K	h	$	X	q	W	u	r	4	C	a	(	v	j
D	8	d	M	q	Q	8	3	x	2	M	8	A	e	5	m	8
E	M	;	&	2	s	9	1	Z	D	8	a	M	%	1	)	#
F	*	&	s	K	u	E	!	x	C	g	0	j	@	j	j	!
G	V	%	w	1	9	G	6	D	u	!	c	(	T	5	?	J
H	d	8	K	;	8	G	K	K	B	r	d	7	*	y	T	F

(Notes:)

104

(Account Name:)   (Date Created:)

(Login Page:)

(Associated Email Account:)

(Login or Username:)

	1	2	3	4	5	6	7	8	9	0	1	2	3	4	5	6
A	d	H	%	p	n	C	G	S	v	;	B	d	X	4	p	K
B	c	P	0	7	$	)	$	R	C	*	)	q	g	^	z	d
C	J	4	E	2	k	)	2	Q	7	k	Z	Z	k	b	d	V
D	S	@	t	w	V	4	z	&	f	$	K	C	(	G	Y	S
E	A	m	i	P	4	%	K	y	^	i	7	U	&	5	@	U
F	F	k	a	e	m	9	w	K	a	y	5	N	a	a	0	p
G	z	D	i	W	G	3	K	S	W	5	%	q	j	@	9	8
H	;	d	i	S	j	T	T	B	8	Y	*	h	d	f	^	x

(Notes:)

(Account Name:)   (Date Created:)

(Login Page:)

(Associated Email Account:)

(Login or Username:)

	1	2	3	4	5	6	7	8	9	0	1	2	3	4	5	6
A	n	F	H	n	s	2	6	i	;	6	G	^	J	!	D	E
B	h	$	h	J	P	m	Q	e	J	z	X	(	V	%	C	Z
C	r	N	J	2	v	@	T	y	X	J	W	e	9	e	W	H
D	(	x	t	*	k	S	B	a	7	K	1	R	a	y	z	Q
E	E	2	q	u	#	;	^	j	q	E	7	6	i	D	u	y
F	J	Y	F	f	r	5	G	E	m	E	#	F	c	Y	R	N
G	5	;	T	B	m	b	e	r	)	b	f	E	R	@	B	R
H	3	v	x	y	)	E	x	A	^	(	f	!	6	q	N	C

(Notes:) _____

_____

_____

_____

_____

_____

106

(Account Name:)   (Date Created:)

(Login Page:)

(Associated Email Account:)

(Login or Username:)

	1	2	3	4	5	6	7	8	9	0	1	2	3	4	5	6
A	#	Z	J	2	G	T	$	g	i	i	k	P	c	T	e	E
B	N	V	$	H	b	4	;	W	j	Y	p	b	q	x	z	M
C	u	D	h	R	0	;	P	P	z	E	)	t	C	Q	F	2
D	w	r	T	)	g	B	H	N	g	s	w	a	u	j	Z	6
E	J	5	D	M	n	g	K	#	n	d	b	6	#	j	a	4
F	k	K	H	n	5	S	x	x	H	F	?	0	#	C	;	p
G	Y	Q	&	c	q	K	s	B	;	u	T	)	B	^	x	e
H	*	(	&	)	Q	X	f	K	Q	9	Z	n	J	P	K	J

(Notes:) _____

_____

_____

_____

_____

_____

(Account Name:)   (Date Created:)

(Login Page:)

(Associated Email Account:)

(Login or Username:)

	1	2	3	4	5	6	7	8	9	0	1	2	3	4	5	6
A	4	R	Q	#	i	1	5	r	s	*	n	K	5	8	F	y
B	#	Q	N	4	5	C	B	D	h	k	t	c	i	V	n	j
C	C	d	p	N	M	y	K	2	8	N	7	m	4	m	S	9
D	H	W	Q	R	)	q	u	e	i	&	@	#	%	$	c	N
E	u	B	(	s	K	3	A	U	4	D	d	e	&	c	v	4
F	%	V	X	N	(	B	t	X	V	p	^	J	u	M	%	C
G	G	x	i	F	j	@	?	h	a	2	M	U	4	h	y	t
H	r	z	Z	^	6	U	?	y	w	b	@	a	(	E	g	)

(Notes:) _____

_____

_____

_____

_____

_____

108

	1	2	3	4	5	6	7	8	9	0	1	2	3	4	5	6
A	G	i	x	*	(	J	j	9	@	$	0	X	4	8	4	1
B	4	&	h	q	u	m	f	y	w	u	*	U	E	u	c	Z
C	i	&	j	r	v	E	R	F	b	(	)	6	f	f	u	y
D	5	J	e	;	C	*	g	e	2	Q	?	0	1	G	8	m
E	n	a	!	t	b	F	c	9	(	2	$	r	M	t	1	9
F	Y	E	D	q	4	y	n	?	D	X	k	n	F	&	N	2
G	8	C	e	d	t	1	3	V	D	!	T	v	t	D	)	K
H	q	)	#	c	$	1	n	r	#	v	t	;	e	V	q	V

(Notes:) _____

_____
_____
_____
_____
_____

(Account Name:)   (Date Created:)

(Login Page:)

(Associated Email Account:)

(Login or Username:)

	1	2	3	4	5	6	7	8	9	0	1	2	3	4	5	6
A	w	N	b	%	K	*	B	H	z	V	Y	7	(	4	S	v
B	v	Y	D	!	^	X	J	4	Y	5	*	*	^	N	#	P
C	p	R	0	N	u	M	V	9	#	*	9	C	z	2	N	q
D	G	F	D	$	*	7	5	d	z	?	a	d	#	8	0	K
E	n	g	#	y	D	D	U	f	v	v	e	*	a	J	g	*
F	x	F	v	R	$	F	7	5	e	^	(	Q	c	4	y	k
G	Q	7	7	J	b	z	H	;	j	e	w	6	s	0	n	s
H	(	K	(	s	D	k	J	)	r	d	&	F	*	W	5	a

(Notes:) _____

_____

_____

_____

_____

_____

(Account Name:)   (Date Created:)

(Login Page:)

(Associated Email Account:)

(Login or Username:)

	1	2	3	4	5	6	7	8	9	0	1	2	3	4	5	6
A	g	D	F	^	q	M	d	w	A	c	;	g	Z	D	Q	p
B	b	F	K	?	J	S	)	A	p	D	M	8	(	5	4	d
C	Y	9	v	d	r	V	c	r	J	1	Y	k	7	r	i	X
D	f	C	N	x	c	5	#	J	t	r	H	k	1	Z	P	h
E	u	d	#	u	G	3	?	a	r	2	$	x	!	s	^	#
F	^	x	C	P	s	T	q	T	f	9	@	@	D	D	b	X
G	T	A	f	j	m	q	$	&	(	J	d	e	M	s	G	U
H	0	t	D	)	J	w	u	Y	R	G	x	)	t	&	R	3

(Notes:) _____

_____

_____

_____

_____

_____

(Account Name:)   (Date Created:)

(Login Page:)

(Associated Email Account:)

(Login or Username:)

	1	2	3	4	5	6	7	8	9	0	1	2	3	4	5	6
A	2	u	P	$	D	H	)	!	c	8	y	y	h	w	r	B
B	)	s	a	X	5	t	J	4	^	H	w	1	E	G	*	d
C	C	U	v	4	;	0	X	7	H	^	Q	d	2	J	i	t
D	7	n	2	1	)	3	5	n	v	h	H	4	Y	i	r	d
E	F	X	m	R	i	s	;	)	j	5	2	j	Q	j	j	?
F	s	E	$	1	M	A	!	8	3	e	m	c	u	6	a	G
G	Z	d	&	3	m	@	3	%	c	h	C	A	5	$	x	S
H	V	4	Z	u	q	^	x	^	;	B	7	H	V	Y	6	A

(Notes:) _____

_____

_____

_____

_____

_____

112

(Account Name:)   (Date Created:)

(Login Page:)

(Associated Email Account:)

(Login or Username:)

	1	2	3	4	5	6	7	8	9	0	1	2	3	4	5	6
A	V	B	?	V	h	7	t	P	v	;	^	u	J	D	c	f
B	F	T	V	1	5	E	g	2	E	f	x	)	!	q	C	Q
C	M	(	4	?	?	d	K	n	X	m	w	E	c	D	g	N
D	5	J	e	y	K	k	f	7	S	t	p	m	#	@	0	U
E	T	7	Y	v	N	D	C	B	#	X	J	W	1	&	A	u
F	g	b	;	?	(	k	@	T	p	e	e	V	1	f	h	!
G	u	)	m	0	M	J	X	R	a	X	^	R	K	5	g	2
H	K	6	F	d	S	e	d	g	n	?	8	9	S	5	Y	?

(Notes:) _____

_____

_____

_____

_____

_____

(Account Name:)   (Date Created:)

(Login Page:)

(Associated Email Account:)

(Login or Username:)

	1	2	3	4	5	6	7	8	9	0	1	2	3	4	5	6
A	Z	w	3	r	h	0	E	@	M	$	*	E	K	H	i	(
B	4	u	H	A	Y	w	C	d	2	7	F	B	z	G	W	*
C	&	5	%	a	m	?	Y	D	s	b	?	K	W	5	9	y
D	y	6	G	&	*	3	^	x	T	t	J	C	z	)	E	5
E	x	8	v	u	9	H	m	1	E	g	u	R	t	p	F	F
F	7	A	C	x	w	S	C	v	9	f	3	&	X	V	d	m
G	D	b	!	%	)	S	@	h	3	Y	*	v	r	M	b	d
H	%	!	*	j	J	;	z	7	K	*	u	@	c	d	%	v

(Notes:) _____

_____

_____

_____

_____

_____

114

(Account Name:)   (Date Created:)

(Login Page:)

(Associated Email Account:)

(Login or Username:)

	1	2	3	4	5	6	7	8	9	0	1	2	3	4	5	6
A	B	$	F	*	v	S	i	n	7	a	i	B	$	G	U	s
B	K	(	Y	T	h	X	%	#	u	A	P	^	S	W	h	D
C	F	u	6	p	p	w	N	B	t	Q	8	M	S	T	E	q
D	D	Z	1	7	*	y	&	H	R	F	Z	e	i	b	e	c
E	0	R	Y	5	f	9	p	U	y	%	n	1	w	0	4	;
F	F	^	T	d	T	K	d	$	2	r	j	1	%	0	y	m
G	C	S	u	2	F	4	W	c	w	q	i	h	%	z	t	2
H	x	8	X	g	2	6	*	$	&	!	K	b	n	!	J	Z

(Notes:) _____

_____

_____

_____

_____

_____

115

(Account Name:)   (Date Created:)

(Login Page:)

(Associated Email Account:)

(Login or Username:)

	1	2	3	4	5	6	7	8	9	0	1	2	3	4	5	6
A	Q	b	A	P	C	a	e	Z	y	t	J	w	r	$	T	5
B	v	F	F	c	Z	6	y	Q	w	0	U	z	R	B	t	P
C	n	q	9	w	5	G	W	Z	c	D	&	%	c	T	5	#
D	6	R	k	m	d	V	@	x	K	w	b	W	(	#	3	e
E	8	@	2	q	u	j	1	?	i	p	C	h	P	J	3	u
F	?	j	0	k	n	3	F	U	u	u	B	Q	%	!	^	c
G	8	J	Z	Q	x	M	x	w	z	q	x	y	K	!	x	@
H	B	y	R	A	c	A	p	s	H	Z	E	F	n	v	Z	&

(Notes:) _____

_____

_____

_____

_____

_____

116

(Account Name:)   (Date Created:)

(Login Page:)

(Associated Email Account:)

(Login or Username:)

	1	2	3	4	5	6	7	8	9	0	1	2	3	4	5	6
A	V	j	w	1	9	T	#	3	@	1	s	E	D	K	Y	?
B	V	*	h	r	#	!	Q	Z	P	X	4	D	6	?	u	Q
C	j	V	U	;	n	!	3	9	;	V	1	B	k	A	?	R
D	X	H	V	i	%	k	Y	r	V	E	8	K	i	3	1	#
E	;	m	1	W	f	Z	S	i	K	@	E	R	d	4	E	F
F	k	9	9	7	u	t	w	a	X	u	s	*	#	v	8	z
G	!	0	M	4	s	7	K	a	E	*	M	5	j	(	U	G
H	#	r	P	1	x	i	@	v	1	y	z	1	6	w	p	H

(Notes:) _____

_____

_____

_____

_____

_____

117

	1	2	3	4	5	6	7	8	9	0	1	2	3	4	5	6
A	p	c	K	5	P	N	!	e	1	r	1	n	j	5	G	d
B	H	&	x	^	g	k	C	S	5	P	h	4	x	%	Q	y
C	U	R	z	E	D	N	3	A	a	3	m	%	T	R	5	Y
D	R	D	&	7	*	7	Q	7	b	?	t	P	!	B	V	u
E	E	T	m	d	9	x	w	3	6	e	%	D	x	s	N	M
F	F	$	2	4	c	^	(	y	m	t	i	y	Y	;	2	q
G	A	G	G	g	^	$	Q	M	q	V	u	v	Y	E	S	@
H	Q	*	P	A	A	R	@	Q	r	&	t	W	S	P	B	T

(Notes:)

118

(Account Name:)   (Date Created:)

(Login Page:)

(Associated Email Account:)

(Login or Username:)

	1	2	3	4	5	6	7	8	9	0	1	2	3	4	5	6
A	S	*	K	z	V	g	2	P	M	q	b	Y	U	!	F	A
B	K	6	f	0	?	&	r	$	3	C	7	5	#	8	%	i
C	f	u	A	g	h	y	B	@	R	P	m	E	X	B	*	w
D	!	U	A	F	w	(	A	D	Z	V	%	1	x	u	Y	g
E	B	9	z	x	S	s	2	h	w	Q	H	W	F	;	g	2
F	C	!	T	Y	g	^	m	^	8	Y	G	B	%	G	e	V
G	s	Z	^	p	q	x	$	e	g	J	G	V	k	1	G	*
H	5	j	(	C	*	r	c	j	9	U	Y	y	a	8	M	Y

(Notes:) _____

_____

_____

_____

_____

_____

119

(Account Name:)   (Date Created:)

(Login Page:)

(Associated Email Account:)

(Login or Username:)

	1	2	3	4	5	6	7	8	9	0	1	2	3	4	5	6
A	&	n	E	S	R	!	q	9	v	y	A	^	%	h	5	U
B	a	B	%	J	5	a	C	E	g	s	w	q	t	4	v	*
C	J	G	1	S	i	)	q	C	5	a	g	Q	8	D	$	F
D	4	P	%	9	;	c	*	@	0	&	W	2	1	$	6	W
E	C	H	8	X	m	S	9	e	z	p	#	b	;	A	D	m
F	x	W	B	T	B	n	v	E	K	J	)	U	&	n	w	j
G	)	8	n	S	E	c	b	6	&	b	v	D	Q	0	Y	q
H	9	d	V	S	v	Z	E	A	Z	$	M	8	F	4	Z	(

(Notes:) _____

_____

_____

_____

_____

_____

(Account Name:)   (Date Created:)

(Login Page:)

(Associated Email Account:)

(Login or Username:)

	1	2	3	4	5	6	7	8	9	0	1	2	3	4	5	6
A	U	5	S	F	x	c	h	T	B	6	w	$	&	1	;	@
B	2	E	B	2	3	t	n	#	R	F	5	#	C	W	0	4
C	j	y	J	Z	G	Z	$	E	F	3	*	D	w	h	Y	F
D	&	b	X	B	A	f	k	^	f	E	w	Y	y	5	8	@
E	@	M	A	H	s	X	M	;	u	T	#	1	S	s	q	P
F	Y	V	F	C	6	5	&	H	t	m	C	v	z	r	J	M
G	U	M	B	^	D	1	H	8	h	r	q	8	g	k	5	4
H	*	4	5	3	g	F	i	s	4	B	^	^	w	@	9	r

(Notes:) _____

_____

_____

_____

_____

_____

121

(Account Name:)   (Date Created:)

(Login Page:)

(Associated Email Account:)

(Login or Username:)

	1	2	3	4	5	6	7	8	9	0	1	2	3	4	5	6
A	V	1	8	P	K	D	G	H	)	T	)	a	a	s	e	e
B	h	J	3	5	w	N	H	j	d	*	H	S	P	!	b	a
C	a	f	T	2	f	?	#	Y	E	T	A	i	5	j	w	K
D	k	H	p	M	J	U	)	d	w	k	M	j	D	K	H	C
E	8	j	J	W	@	i	^	8	e	$	)	4	0	8	*	c
F	N	m	C	i	u	P	$	t	r	!	4	a	#	D	b	*
G	&	Z	^	^	D	*	$	6	?	3	J	U	j	y	m	2
H	4	v	j	)	m	U	H	V	Z	Q	1	j	*	H	A	i

(Notes:) _____

_____

_____

_____

_____

_____

122

(Account Name:)   (Date Created:)

(Login Page:)

(Associated Email Account:)

(Login or Username:)

	1	2	3	4	5	6	7	8	9	0	1	2	3	4	5	6
A	4	@	k	8	j	z	q	2	v	?	E	h	9	A	a	$
B	(	g	^	7	K	3	?	Z	M	Y	N	H	?	N	P	d
C	S	u	*	)	a	M	1	5	8	P	z	A	0	&	s	b
D	9	q	C	#	$	1	;	j	6	d	N	@	S	Q	D	3
E	N	m	&	u	t	6	1	B	s	Z	^	9	y	4	H	b
F	3	S	e	T	i	E	!	3	u	H	a	1	A	$	E	2
G	!	v	h	R	Q	W	W	&	f	(	y	v	W	P	r	0
H	a	z	p	W	D	r	N	h	K	x	&	K	6	%	6	1

(Notes:)

123

(Account Name:) (Date Created:)

(Login Page:)

(Associated Email Account:)

(Login or Username:)

	1	2	3	4	5	6	7	8	9	0	1	2	3	4	5	6
A	T	J	X	6	8	i	#	&	h	t	n	G	k	;	E	U
B	&	M	4	Y	x	J	N	H	N	n	2	A	R	%	u	C
C	D	2	6	w	X	$	c	Q	Q	@	8	y	g	n	u	4
D	^	G	n	P	%	7	8	r	M	M	q	#	c	F	N	7
E	D	H	y	t	W	w	t	!	R	(	s	q	2	B	3	u
F	u	3	2	Y	%	Y	h	Z	x	Y	K	t	c	W	i	D
G	r	F	J	T	0	5	F	f	M	&	U	^	6	8	c	Q
H	S	^	M	&	s	u	9	G	Z	0	E	y	@	C	D	N

(Notes:)

124

[THE 5TH DIMENSION PASSWORD KEEPER]

- ⊗ Stores over 100 complex passwords with ease.
- ⊗ Passwords are safe – even if this book is lost or stolen.
- ⊗ Retrieve passwords easily – even a child can do it.
- ⊗ Encryption is nearly impossible to crack.
- ⊗ Share book with others in your household without compromising your security.
- ⊗ Never keep you passwords in your computer again.
- ⊗ Now you can stop using easy to crack passwords.
- ⊗ The preferred method of I.T. specialists.

Easy & Secure. The 5th Dimension Password Book is the ultimate way to secure passwords from both online and offline thieves.

www.ingramcontent.com/pod-product-compliance
Lightning Source LLC
Chambersburg PA
CBHW051323170526
45166CB00002B/657